NÉMÉSIEN

ŒUVRES

NÉMÉSIEN

ŒUVRES

Il a été tiré de cet ouvrage :

100 exemplaires sur papier pur fil Lafuma
numérotés de 1 à 100.

COLLECTION DES UNIVERSITÉS DE FRANCE
publiée sous le patronage de l'*ASSOCIATION GUILLAUME BUDÉ*

Nemesianus, Marcus...

NÉMÉSIEN

ŒUVRES

‖ P21

TEXTE ÉTABLI ET TRADUIT

PAR

Pierre VOLPILHAC

Maître-Assistant à l'Université de Clermont-Ferrand

PARIS

SOCIÉTÉ D'ÉDITION « *LES BELLES LETTRES* »

95, Boulevard Raspail

1975

Conformément aux statuts de l'Association Guillaume Budé, ce volume a été soumis à l'approbation de la commission technique qui a chargé M. J.-P. Cèbe d'en faire la révision et d'en surveiller la correction en collaboration avec M. Pierre Volpilhac.

PA6169
A101
N4 x

INTRODUCTION

L'HOMME

Le seul témoignage sûr que nous possédions sur la vie de Némésien est celui de Flavius Vopiscus dans l'*Histoire Auguste, Carus*, 11, 2 : « Il (Numérien) avait, dit la renommée, un tel talent qu'il l'emporta sur tous les poètes de son temps. Il rivalisa en effet... avec Olympius Némésien, l'auteur des *Halieutiques*, des *Cynégétiques* et des *Nautiques*, qui se distingua par l'éclat de toutes les couleurs de sa poésie... » [1].

Ce témoignage permet seulement d'affirmer que le poète vivait au IIIe siècle, puisque Numérien mourut en 284, que son *cognomen* était *Nemesianus*, et qu'il passait, à son époque, pour un grand poète. Tout le reste n'est que conjecture. Il est impossible de préciser les dates de sa naissance et de sa mort. On ne peut pas davantage donner l'intitulé exact de son nom. Du fait que Vopiscus l'appelle *Olympius Nemesianus*, J. C. Wernsdorf concluait : « *Olympius* était, semble-t-il, son nom de famille, et *Nemesianus* un surnom qu'il devait à sa patrie d'origine » [2]. Mais les manuscrits, qui l'appellent

---

1. *Versu autem talis fuisse praedicatur (Numerianus) ut omnes poetas sui temporis uicerit. Nam... cum Olympio Nemesiano contendit, qui* Ἁλιευτικά, Κυνηγετικά *et* Ναυτικά *scripsit quique omnibus coloribus inlustratus emicuit...* La leçon *coloribus* est une correction. Cf., dans le tome II de l'édition procurée par E. Hohl, Leipzig, Teubner, 1965, l'apparat, p. 241 : coloniis *PR* colonis *Peter* coronis *Casaubon Madvig* coloribus *Petschenig*.

2. J. C. Wernsdorf, *Poetae Latini Minores*, I, Altenburg, Richter, 1780, p. X. Le critique allemand croyait trouver confirmation de son hypothèse dans deux gloses du scholiaste Lactance à propos de Stace, *Theb.* 2, 58 : *mediaeque silentia lunae,*

tantôt *M. AVRELIVS NEMESIANVS*, tantôt *AVRE-
LIVS NEMESIANVS* [1], ne lui donnent pas le patronyme d'*Olympius*. Cela n'empêchait pas J. van der Vliet [2]
de supposer que le poète, dont le nom complet était
M. Aurelius Olympius Nemesianus, portait le prénom
des empereurs Carus, Carin et Numérien, *Marcus Aurelius*, parce qu'il avait une parenté avec eux. Rien,
toutefois, ne vient étayer une telle conjecture. On pourrait même objecter que le patronyme *Aurelius* était
fréquent chez les Romains.

En revanche, quand les éditeurs, faisant confiance
aux *tituli* des manuscrits [3], estiment que le poète
était d'origine africaine, la probabilité est beaucoup
plus grande. D'une part en effet, quelle que soit l'origine
du *cognomen Nemesianus* [4], il y eut en Afrique, au IIIe et
au IVe siècles, des Némésiens célèbres : on peut notam-

---

et 5, 389 : *Et abiunctis regemunt tabulata* (cf. l'édition des œuvres
de Stace donnée par R. JAHNKE, Leipzig, Teubner, 1898, tome III,
p. 83 et 282). Dans la première, Lactance cite un *Olympus* qui
confirme ce que tous les poètes disent du lion terrassé par Hercule :
*Poetae denique omnes asserunt leonem de his polis ortum, quem
Hercules prostrauit, ut etiam Olympus ait...* La phrase est trop vague
pour permettre une identification certaine, même si on corrige
Olympus en *Olympius*, comme l'a proposé J. C. WERNSDORF. On
ne peut pas davantage faire fond sur la seconde glose, puisque
les trois mots que Lactance prête à un certain *Olympius* : *Sic
in Olympio* : « *abiungere luna iunices* », n'apparaissent pas dans
les œuvres de Némésien qui nous sont parvenues.

1. Seul, le *Parisinus lat.* 4839, l'un des manuscrits des *Cynégétiques*, donne : *MAVRELII. MENESINI KARTAGINEN-
SIS*. Mais aucun éditeur n'a tenu compte de cet *incipit*. Des
trois manuscrits des *Cynégétiques* en effet, le *Parisinus Lat.*
4839 est celui qui présente le plus de fautes. On peut ajouter
que la *R.E.* ne signale aucun *Menesinus*.

2. J. VAN DER VLIET, *Venatio Novantiqua*, Leyde, Elzevir,
1645, p. 315-316.

3. Tous portent la mention : *KART(H)AGIN(I)ENSIS*.

4. J. C. WERNSDORF, *op. cit.*, p. x, avait d'abord pensé que ce
cognomen provenait de la ville *Nemeseum* (sur cette ville, cf.
WINDBERG, *R.E.*, XVI, s.u. *Nemesion*, c. 2337-2338). Puis, dans
ses *Addenda*, p. 294, il se rétractait : « je préfère penser maintenant que le nom *Nemesianus* ne doit pas être apparenté à celui
de la ville appelée *Nemeseum*, mais à celui des *Nemesii*, qui furent
nombreux, comme le nom *Claudianus* est un dérivé de *Claudius*,
le nom *Tiberianus* un dérivé de *Tiberius* etc... ».

ment signaler [1] un évêque [2] qui fut victime des persé-
cutions de Valérien en 257-258, un administrateur des
finances [3] qui exerçait sa charge en mai 345 et un évêque
de *Thuben* cité par Saint Augustin [4]. Il n'est donc pas
impossible que Némésien ait appartenu, comme le suggère J. C. Wernsdorf [5], à une famille africaine de rang
distingué. D'autre part, les *Cynégétiques* [6] offrent un
certain nombre d'éléments qui permettent de penser,
sans grand risque d'erreur, que leur auteur est bien né
en Afrique du Nord, ou du moins y a vécu longtemps :
aux vers 251-252, Némésien désigne les Espagnols
par la périphrase : *gens ampla iacet trans ardua Calpes
culmina*. Or *Calpe* était le nom de la colonne d'Hercule
située en Espagne. Le poète écrit donc, semble-t-il,
d'Afrique du Nord. Ce n'est sans doute pas non plus
un hasard si, à chaque fois qu'il énumère ou décrit des
animaux, Némésien évoque l'Afrique. Dans le gibier
qu'il veut capturer [7], il fait figurer l'*ichneumon*, la
mangouste, qui vit surtout en Afrique. En ce qui concerne les chiens, il recommande, aux vers 229-230,
ceux qui naissent *siccae Libyes in finibus* et sont vraisemblablement les ancêtres des sloughis [8] actuels, alors
qu'il ne dit rien du *uertragus* celte qui était pourtant
le lévrier le plus célèbre de l'Antiquité. Parmi les cinq
races de chevaux dont, aux vers 240-298, il préconise
l'élevage, deux sont africaines, celle de Mauritanie et
celle que les Mazaces élevaient dans leur désert ; de
plus, c'est à ces deux races qu'il consacre le plus long

---

1. Sur ces trois personnages, cf. W. Ensslin, *R.E.*, XVI,
s.u. *Nemesianus* [6], *Nemesianus* [3], *Nemesianus* [7], c. 2337.

2. Saint Cyprien, *Epist.* 76, avait écrit une *consolatio* à cet
évêque, condamné aux mines.

3. *V(ir) p(erfectissimus) comes largitionum*, comme l'indique
le *Cod. Theod.*, 11, 7, 5.

4. *De Baptismo contra Donatistas*, 6, 12, 19. — Pour la ville
de *Thuben*, cf. H. Treidler, *R.E.*, VI, A1, s.u. *Thuben*, c. 618-619.

5. J. C. Wernsdorf, *op. cit.*, p. XI.

6. A mon sens, les *Bucoliques* n'apportent aucun renseignement précis sur la vie du poète. Voir *infra*, p. 20.

7. *Cyn.* 54.

8. Voir note 96, p. 117, et note 119, p. 105.

éloge. Enfin, pour agencer la *linea* destinée à effrayer le gibier [1], il conseille d'utiliser les plumes d'oiseaux nés en Libye [2] ; et la description qu'il donne de ces plumes paraît bien répondre à une observation personnelle.

Donc, si rien ne permet de dire que Némésien était né à Carthage même, on peut raisonnablement admettre qu'il était originaire d'Afrique du Nord. Il y composa sans doute — dans sa jeunesse, s'il faut le reconnaître sous les traits du berger Thymoetas de la première églogue [3] — les *Bucoliques*, puis, en 283-284 [4], les *Cynégétiques*. On pourrait encore conjecturer qu'il se rendit au moins une fois, avant la fin de l'année 284, à Rome et qu'il y rivalisa avec l'empereur Numérien dans un concours poétique [5]. Après cette date, on perd sa trace.

1. *Cyn.* 303.
2. *Cyn.* 313-320. Il s'agit peut-être des autruches, cigognes, hérons et flamants. Voir note 164, p. 125.
3. Voir *infra*, p. 20, note 2.
4. Voir *infra*, p. 75.
5. Mais n'est-ce pas trop vouloir faire signifier au verbe *contendit*, dans la phrase de Vopiscus, *Hist. Aug.*, *Carus*, 11, 2 ?

L'ŒUVRE

Si nous n'avons que bien peu de points de repère pour reconstituer la biographie de Némésien, les informations nous manquent également pour nous faire une idée précise de son œuvre. En effet, des Ἁλιευτικά, Κυνηγετικά et Ναυτικά que lui attribue Vopiscus, seules les *Cynégétiques* sont parvenues jusqu'à nous. Aussi, dans ce domaine, les conjectures ont-elles été nombreuses : G. Bernhardy[1], tirant argument de deux *Fragmenta de Aucupio* dont l'authenticité n'est pas sûre[2], voulait corriger Ναυτικά en Ἰξευτικά. E. Baehrens[3] pensait que les 22 vers de l'*Incerti Ponticon*[4] pouvaient, en raison des africanismes qu'ils contenaient, avoir été écrits par Némésien et proposait de remplacer Ναυτικά par Ποντικά. Pour F. Lenz[5], les vers 58-64 des *Cynégétiques* :

> ... *talique placet dare lintea curae*
> *dum non magna ratis, uicinis sueta moueri*
> *litoribus tutosque sinus percurrere remis,*
> *nunc primum dat uela Notis portusque fideles*
> *linquit et Hadriacas audet temptare procellas.*
> *Mox uestros meliore lyra memorare triumphos*
> *accingar, diui fortissima pignora Cari...*

étaient une allusion à des Ναυτικά en préparation. Tout dernièrement, R. Verdière[6] a remis en chantier ces

1. G. BERNHARDY, *Grundriss der römischen Literatur*, Halle, Schwetschke und Sohn, 1830, p. 556.

2. Aucune source antique ne les signale. C'est G. DE LONGUEIL (voir *infra*, p. 129) qui les a attribués à Némésien. Mais cette attribution n'est pas certaine.

3. E. BAEHRENS, *Poetae Latini Minores*, III, Leipzig, Teubner, 1881, p. 172 et 174.

4. Voir l'éd. de Th. MOMMSEN, *C. Iulii Solini Collectanea rerum memorabilium*, Berlin, Weidmann, 1895, p. 233.

5. F. LENZ, *R.E.*, XVI, s.u. *Nemesianus* [1], c. 2330.

6. R. VERDIÈRE, *Prolégomènes à Nemesianus*, Leyde, Brill, 1974, p. 19-27.

deux dernières hypothèses et s'est efforcé de démontrer, à l'aide de parallèles textuels et d'analyses de schémas métriques, que l'*Incerti Ponticon* était le *prooemium* des Ἁλιευτικά, et que le poème I²718 de l'*Anthologie latine* de Riese [1] était le *prooemium* des Ναυτικά. Il ne m'a pas convaincu [2] ; je suis même persuadé qu'il se trompe, quand il admet comme prémisse que les vers 59-62 des *Cynégétiques* désignent les Ναυτικά. En effet, à fréquenter Némésien, on s'aperçoit qu'il emprunte sans cesse à Virgile, et il vient à l'esprit que son ambition était de se hausser jusqu'à son illustre prédécesseur, en suivant la même progression que lui. Telle est l'opinion de B. Luiselli [3], telle était aussi celle de J. Aymard [4] : « Cet épigone a probablement le dessein de rivaliser avec le maître qu'il plagie servilement [5] : comme Virgile, il écrit des églogues, comme lui, il compose, à défaut de géorgiques, des cynégétiques, enfin, il médite de chanter dans une épopée les exploits des enfants de Carus... ».

Pour qui reprend, dans cette perspective, le passage des *Cynégétiques* cité plus haut, les vers 63-64 indiquent clairement que le poète a l'intention d'entreprendre une œuvre d'inspiration élevée. En revanche, l'expression : *non magna ratis... litoribus* ne peut s'appliquer qu'à une œuvre mineure : or, à la suite de M. Haupt, tous les critiques s'accordent à reconnaître que, dans sa jeunesse, Némésien a écrit des bucoliques [6]. Il est indéniable enfin que le vers 63 est une allusion aux *Cynégétiques*,

---

1. P. 183-184.
2. Les parallèles textuels qu'il propose paraissent insuffisants pour conclure à une paternité certaine de Némésien. De plus, je me refuse à tirer un argument péremptoire du fait que l'on retrouve dans ces deux poèmes « les schémas métriques préférés, qui figurent parmi ceux des *Bucolica* et des *Cynegetica* ».
3. B. Luiselli, *Il proemio del Cynegeticon di Olimpio Nemesiano*, in *S.I.F.C.*, XXX, 1958, p. 84.
4. J. Aymard, *Essai sur les chasses romaines des origines à la fin du siècle des Antonins*, Paris, De Boccard, 1951, p. 170.
5. Ce jugement me paraît trop sévère, au moins en ce qui concerne la 3ᵉ bucolique et les *Cynégétiques*. Voir *infra*, p. 31-32, et 84-89.
6. Voir *infra*, p. 17.

que l'on peut qualifier de poème didactique. N'est-il pas alors logique d'admettre que les vers 60-62 veulent attirer l'attention sur cette première (*nunc primum*) tentative d'envergure ? Et si Némésien était bien d'origine africaine, l'image de la barque qui va enfin se lancer loin du rivage familier pour gagner la haute mer n'est peut-être pas un cliché banal, mais dévoile le souhait que formait un poète dont la renommée n'avait pas encore dépassé les colonies, celui d'aller à Rome chercher la consécration de son talent.

Pour conclure, les deux seules œuvres que l'on puisse, dans l'état actuel de nos connaissances, attribuer à Némésien sans risque d'erreur sont les *Bucoliques* et les *Cynégétiques* [1].

J'ai l'agréable obligation d'exprimer ma très vive gratitude à tous ceux qui, à des titres divers, ont bien voulu contribuer à cette édition, mes compatriotes, le docteur vétérinaire F. Tourdes et son associé trop tôt disparu le docteur R. Andrieu, mes amis P. Salat, J.-M. Croisille, chargés d'enseignement à la Faculté des Lettres de Clermont-Ferrand, et C. Moussy, professeur à la Faculté des Lettres de Nanterre, qui m'a sans relâche guidé de ses conseils avertis, et tout spécialement M. J. André, directeur à l'École des Hautes Études, qui, si souvent, a fait bénéficier ce travail de sa haute

---

1. Il faut encore signaler que R. VERDIÈRE, *Prolégomènes*, p. 36-46, séduit par une hypothèse de J. C. WERNSDORF, *op. cit.*, p. 277, a tenté de montrer que le *De Laude Herculis* avait été écrit par Némésien, à la fin de sa vie. Mais on ne saurait oublier que les hypothèses formulées par J. C. WERNSDORF au sujet de Némésien se sont, pour la plupart, révélées fausses. En outre, si je ne me trompe pas dans la chronologie que je suggère des œuvres du poète, ce dernier avait, en 291, date à laquelle R. VERDIÈRE place, au plus tôt, la composition du *De Laude Herculis*, tout au plus quarante ans et non soixante-dix. Enfin ce panégyrique présente un abrègement et trois allongements anormaux : *crŭdelis* (v. 79), *canīs* (v. 18), *quantāque* (v. 79) et *grāuato* (v. 112), libertés que n'a jamais prises l'auteur des *Bucoliques* et des *Cynégétiques*.

compétence. Je dois une mention particulière à mon père, agrégé des lettres et grand chasseur, qui m'a aidé à interpréter maint passage délicat. Enfin, j'ai trouvé en M. J.-P. Cèbe, professeur à la Faculté des Lettres d'Aix-en-Provence, le plus obligeant et le plus méticuleux des réviseurs.

I. LES BUCOLIQUES

LES BUCOLIQUES

NOTICE

L'authenticité. M. Haupt[1] a démontré, de façon définitive, que des onze bucoliques attribuées dans certains manuscrits et les éditions anciennes à Calpurnius Siculus[2], les quatre dernières, intitulées parfois *EPIPHUNUS*, *DONACE*, *BACCHUS* ou *PAN* et *EROS*, devaient être rendues à Némésien.

Les arguments qu'il fait valoir sont d'abord d'ordre métrique[3] : l'abrègement d'un ō final est plus fréquent[4] dans les quatre derniers poèmes ; les élisions y sont nettement plus nombreuses ; inversement, les césures au quatrième trochée sont plus rares[5].

M. Haupt constate d'autre part que des vers entiers

---

1. M. Haupt, *De Carminibus Bucolicis Calpurnii et Nemesiani*, *Opuscula*, I, Leipzig, Hirzel, 1875.
2. La théorie selon laquelle Calpurnius aurait écrit les onze églogues est longuement développée par J. C. Wernsdorf, dans la préface de son édition, p. III-XXXIII.
3. Cette étude métrique avait déjà été faite par Th. Birt, *Ad historiam hexametri Latini symbola*, Bonn, Cohen, 1877. Elle a été reprise et précisée notamment par H. Schenkl, dans la préface de son édition des *Bucoliques* de Calpurnius et de Némésien, Leipzig, Freytag, et Prague, Tempsky, 1885, et par G. E. Duckworth, *Vergil and Classical Hexameter Poetry*, University of Michigan Press, Ann Arbor, 1969, p. 97 sq.
4. *nesciŏ* 1, 21 ; *putŏ* 6, 84 ; *ambŏ* 9, 17 ; *exspectŏ*, 9, 26 ; *horreŏ* 9, 43 ; *mulcendŏ* 9, 53 ; *laudandŏ* 9, 80 ; *coniungŏ* 10, 14 ; *canŏ* 10, 18 et 11, 41 ; *concedŏ* 11, 42.
5. Ch. H. Keene, dans la préface de son édition des *Bucoliques* de Calpurnius et de Némésien, Londres, Bell, 1887, p. 16, a également remarqué qu'une fin de vers comme celle que l'on trouve en 10, 17 : *montiuagus Pan*, était inhabituelle chez Calpurnius.

des sept premiers poèmes se retrouvent intégralement dans les quatre derniers [1] et en conclut que les auteurs des deux séries de poèmes sont différents, le second ayant froidement pillé le premier.

Il a remarqué enfin que si l'inscription que porte, en tête, le *Rehdigeranus* S.I. 4. 10 : Calphurnii poetae ad Nemesianum Carthaginensem Bucolica incipit, et celle que présente l'une des plus anciennes éditions des *Bucoliques* de Calpurnius et de Némésien, l'*editio Parmensis* d'Angelius Ugoletus : Titi Calphurnii Siculi Bucolicum carmen ad Nemesianum Karthaginiensem incipit, ont pu être prises pour une dédicace de Calpurnius à Némésien et créer une confusion, le manuscrit, aujourd'hui perdu de Thadaeus Ugoletus, reproduit par N. Angeli dans le *Riccardianus* 636, attribue clairement la paternité des quatre dernières églogues à Némésien, tout comme le *Neapolitanus* VA8, le *Gaddianus Laurentianus* et l'*Harleianus*.

Si, toutefois, ces arguments ne paraissaient pas décisifs, on pourrait ajouter que les remarques de métrique faites à propos des *Bucoliques* s'appliquent aux *Cynégétiques* [2], et que les deux ouvrages de Némésien offrent des similitudes d'expressions nombreuses, que l'on ne rencontre pas chez Calpurnius [3] et qui proviennent parfois d'une source à laquelle celui-ci ne semble pas avoir puisé [4]. Enfin, et pour s'en tenir uniquement à des incon-

---

1. H. Schenkl, *op. cit.*, p. 36-37, donne un tableau de ces similitudes.

2. Cf. M. Haupt, *op. cit.*, p. 369, et H. Schenkl, *op. cit.*, p. 31-32.

3. Le nom *fluor*, par exemple, création d'Apulée (cf. le *Th. L. L.*, VI, 5, c. 976), en *Buc.* 3, 68 et *Cyn.* 220. De même, si Némésien n'emploie pas *etenim*, fréquent chez Calpurnius, il abuse de *tum* et de *quin et/quin etiam* ; s'il n'emploie que rarement des adjectifs en -*bilis*, il use plus volontiers que Calpurnius de composés en *con-*, -*dis*, *in-*, *pro-*. Signalons enfin que la présence de l'adjectif *hederatus* en *Buc.* 3, 18, que l'on ne trouve pas dans la littérature latine avant Tertullien, *Cor.* 7, 5 (cf. le *Th. L. L.*, VI, 3, 14, c. 2590), ne milite pas en faveur de l'attribution des *Bucoliques* à Calpurnius.

4. C'est le cas pour *Buc.* 3, 23-24 et *Cyn.* 19-20, qui sont une réplique de Stace, *Theb.* 7, 166-7.

séquences faciles à déceler, on ne voit guère, si les onze bucoliques étaient du même auteur, par quelle métamorphose le *senior* Micon de la cinquième deviendrait un *puer* écervelé dans la dixième, tandis que le Mopsus de la troisième, mauvais poète s'il en fut, deviendrait, à la onzième, *calamis et uersu doctus... nec triuiale sonans* !

Il reste à se demander pourquoi Vopiscus n'a pas mentionné les *Bucoliques*. Ou bien il ignorait leur existence, ou bien il ne leur accordait pas, suivant peut-être en cela l'opinion de ses contemporains, une valeur poétique comparable à celles des autres œuvres de Némésien qu'il évoque [1]. L'omission serait alors volontaire, dans une phrase où il déclare que Numérien avait été le rival du plus grand poète de l'époque.

La date de composition des Bucoliques.

En comparant, du point de vue de la métrique, les *Bucoliques* aux *Cynégétiques*, les critiques se sont aperçus que celles-ci témoignaient d'une technique à la fois plus traditionaliste et plus audacieuse que celles-là [2], et ont estimé que le poète avait d'abord composé les *Bucoliques*. On doit également tenir compte de ce que, dans les *Cynégétiques*, Némésien imite moins servilement ses devanciers. Enfin, les vers 58-64 de cette dernière œuvre, si l'interprétation que j'en ai donnée précédemment [3] est la bonne, confirment l'excellence de la thèse avancée par les métriciens. J'ajouterai même que la réunion, dans ces quelques vers, d'une conjonction et d'adverbes marquant la simultanéité ou la proximité (*dum.... nunc primum... mox...*) me poussent à croire que les *Bucoliques* ont précédé de peu les *Cynégétiques*.

1. C'est l'opinion de M. Schanz, *Geschichte der römischen Literatur*, III, Munich, Beck, 1922, p. 31, à laquelle je me rallie.
2. Dans les *Cynégétiques* en effet, si la proportion des ō abrégés en fin de mot est moins importante, en revanche les élisions sont un peu plus nombreuses, tout comme les césures au quatrième trochée. Cf., par exemple, M. Haupt, *op. cit.*, p. 369.
3. Cf. *supra*, p. 11-13.

**Le problème
du pseudonyme Mélibée.**

Si donc on a quelque chance d'être dans le vrai en supposant les *Bucoliques* un peu antérieures aux *Cynégétiques*, il paraît difficile de préciser davantage. Il faudrait en effet, pour ce faire, déterminer quel personnage réel est représenté par le Mélibée [1] dont l'éloge funèbre est prononcé, dans la première églogue, par Thymoetas [2]. Mais, même si l'on doit donner tort à M. L. Paladini quand elle voit dans ce pseudonyme une fiction poétique [3], les identifications que proposent les autres érudits qui ont étudié la question ne sont ni concordantes ni convaincantes.

Pour J. C. Wernsdorf [4], Mélibée est Iunius Tiberianus, consul en 281, puis en 301. Mais ce personnage important de l'état vivait encore en 303, date à laquelle il était préfet de Rome. Il faut donc renoncer à cette hypothèse.

1. A l'exception de Thymoetas et peut-être d'Idas (voir la note suivante), les autres personnages sont trop flous pour qu'on puisse les identifier (cf. C. Wendel, *De nominibus bucolicis*, in *Jahrbücher für klassische Philologie, Supplement bd.*, XXVI, 1901, p. 62.)

2. De l'aveu unanime des critiques, ce berger représente le poète lui-même. Thymoetas, en effet, est jeune (v. 10) ; son talent poétique lui a déjà assuré une renommée bien établie dans sa patrie (v. 84-85) et devrait, dans un avenir proche, être jugé digne de Rome elle-même (v. 83). Je suis même tenté de voir dans la formule : *carus deis* (v. 10) une allusion à peine déguisée aux fils de Carus : la première églogue serait ainsi pratiquement datée. Malheureusement cette hypothèse est invérifiable. En ce qui concerne le jeune Idas de la deuxième églogue, sa carrière poétique (v. 82-85) ressemble fort à celle de Thymoetas, surtout si au vers 85 on conserve la leçon des manuscrits : *cantabimus*, au lieu de mettre ce verbe au passif, comme l'ont fait les éditeurs.

3. M. L. Paladini, *Il compianto di Melibeo in Nemesiano*, in *L'Antiquité Classique*, XXV, 1956, p. 319-320. M. L. Paladini est convaincue, à juste titre, que la première églogue n'est qu'une « mosaïque d'emprunts ». Mais on ne peut la suivre, quand elle fait de Mélibée un personnage « sans consistance réelle », une « fiction allégorique » : les vers 51-63 rassemblent trop nettement les faits saillants d'une biographie.

4. J. C. Wernsdorf, *op. cit.*, p. 10-12.

B. Luiselli [1] a voulu démontrer que Mélibée était l'empereur Carus. Mais son argumentation n'est pas solide.
En effet, non seulement elle repose sur une interprétation
pour le moins discutable [2] des vers 44-45 de la première
églogue, mais encore il est sûr que Carus fut divinisé
peu après sa mort [3]. Or les vers 48-51 indiquent clairement que Mélibée a subi le sort commun des mortels.
R. Verdière [4] a proposé Gordien Ier. Mais cet empereur
a, lui aussi, été divinisé ; en outre, il est mort en 238,
ce qui placerait la composition des *Cynégétiques* qua-
rante-six ans après celle des *Bucoliques* ; enfin, si l'on
n'oublie pas que, dans le *prooemium* des mêmes *Cynégétiques*, aux vers 63-65, le poète annonce qu'il va entreprendre une œuvre épique, il faudrait lui attribuer une
longévité intellectuelle peu commune !

On peut donc conclure, avec P. Monceaux [5], que
Mélibée, homme de lettres et homme d'état, était un
protecteur du poète. Quant à vouloir percer l'énigme
du pseudonyme, c'est une entreprise qui risque fort
d'être vouée à l'échec.

Les sources. Du tableau que l'on peut dresser des très
nombreuses similitudes que présentent les
vers de Némésien avec ceux des poètes latins qui l'ont

---

1. B. Luiselli, *L'identificazione del Melibeo di Nemesiano
e la data di composizione della I ecloga*, in *MAIA*, III, 1958,
p. 189-208.
2. Persuadé en effet que Mélibée désigne Carus, B. Luiselli
force le sens de l'expression : *nostrique nouissimus aeui circulus*,
dont il propose les deux interprétations suivantes : ou bien l'année
qui, dans notre siècle, vient de s'écouler, c'est-à-dire l'année
283 à la fin de laquelle est mort Carus, ou bien, en s'autorisant
de Sénèque, *Epist.* 1, 12, 6 : *mensis artiore praecingitur circulo*,
le dernier mois de l'année en cours (soit l'année 284, si Némésien
n'a pas composé l'éloge funèbre de Carus... avant sa mort !)
pendant lequel le poète aurait écrit son églogue. A mon avis,
Némésien a tout simplement voulu dire que Mélibée avait parcouru le dernier laps du temps dévolu à des mortels.
3. Voir *infra*, p. 75.
4. R. Verdière, *Prolégomènes*, p. 4-18.
5. P. Monceaux, *Les Africains*, Paris, Lecène, Oudin et Cie,
1894, p. 379.

précédé [1], il est aisé de dégager les deux sources principales de ses poèmes, les *Bucoliques* de Virgile et celles
de Calpurnius Siculus : la *laudatio* de Mélibée est à
mettre en parallèle avec celle de Daphnis ; le thème de la
deuxième bucolique reprend, pour l'essentiel, celui de la
troisième de Calpurnius ; le cadre de la troisième [2]
est celui de la sixième de Virgile ; enfin, la quatrième
est une *retractatio* des sujets des deuxième et huitième
églogues virgiliennes.

Némésien a-t-il des dettes à l'égard des poètes grecs ?
H. Schenkl [3] pensait qu'il ne les ignorait pas, mais que
la matière que lui avaient fournie les Latins lui avait
amplement suffi. Les critiques italiens [4], au contraire,
ont tenté de démontrer qu'il avait utilisé Théocrite,
le Pseudo-Théocrite, Moschos, le poème du Papyrus
de Vienne *Rainer* 29801 [5] et Callimaque. Voici la liste
des emprunts qu'ils ont cru déceler :

1. Ces similitudes, du moins celles qui ne peuvent prêter
à discussion, sont données dans les notes.

2. R. VERDIÈRE, *La Bucolique post-virgilienne*, in *Eos*, LVI,
1, 1966, p. 181, pense que la *uindemia* de cette bucolique a pu
être inspirée à Némésien par l'épisode 7, 162-211 des *Punica*
de Silius Italicus : ce n'est pas impossible. Mais d'une part, les
deux passages ne me paraissent pas offrir, dans leur exécution,
de ressemblance décisive. D'autre part, R. TURCAN, *Les Sarcophages romains à représentations dionysiaques*, Paris, De Boccard,
1966, p. 561, a démontré qu'à la fin du second siècle, « la *uindemia*
restant la festivité la plus connue et la plus suivie du dionysisme
gréco-romain », cette imagerie se retrouve fréquemment sur les
œuvres d'art et en particulier sur les couvercles de sarcophages.
J'incline donc à croire que Némésien s'est inspiré d'un monument figuré.

3. H. SCHENKL, *op. cit.*, p. 33-34.

4. L. CISORIO, *Dell' imitazione nelle Egloghe di M.A. Olimpio
Nemesiano*, Pise, F. Mariotti, 1896 ; C. GALLAVOTTI, *Il papiro
bucolico viennese e la poesia di Bione*, in *R.F.I.C.*, XX, 1942,
p. 247-9 ; M. L. PALADINI, *op. cit.* ; L. CASTAGNA, *Le fonti greche
dei Bucolica di Nemesiano*, in *Aevum*, XLIV, 1970, p. 415-443.

5. H. OELLACHER, *Griechische literarische Papyri I*, in *Mittei-
lungen aus der Papyrussammlung der Nationalbibliothek in Wien*,
N.S., 1932, p. 77-82, qui fut le premier à éditer le texte conservé
par ce papyrus, y voyait l'œuvre d'un chef d'école alexandrin.
Après lui, P. COLLART, *A propos d'un papyrus de Vienne*, in
R.E.G., XLVI, 1933, p. 168-180, l'attribuait à Euphorion de

Première Bucolique.

à Théocrite :

— Le refus opposé par Tityre à Thymoetas, v. 9 sq., rappelle celui qu'oppose, dans l'Idylle 1, 15 sq., le chevrier à Thyrsis.

— La bucolique de Némésien se termine, comme l'idylle de Théocrite, par des compliments adressés au chanteur et non par un échange de dons, comme dans la cinquième bucolique virgilienne.

à Moschos, 'Επιτάφιος Βίωνος :

— Les divinités qui apportent des offrandes à Mélibée, v. 65-70, font partie du cortège qui pleure Bion, v. 26-29.

— Il faut rapprocher : Moschos v. 17 et Némésien v. 25

—	102	—	48
—	58-9	—	62-3
—	54	—	73-4
—	81	—	95-6.

au *Papyrus de Vienne* :

— L'expression : *tu calamos aptare labris*, v. 58, serait calquée sur : ... χείλεσσιν ἐφήρμοσεν ἀκροτάτοισι, v. 21.

Deuxième Bucolique.

à Théocrite :

— Seraient à rapprocher : *Idylle* 12, 6-7 et Némésien v. 61 ; *Idylle* 6, 36 et Némésien v. 77.

au Pseudo-Théocrite :

— Les vers 16-17 de Némésien feraient penser aux vers 3 et 4 des Βουκολιασταί.

Chalcis, et C. GALLAVOTI (cf. la note précédente), quelques années plus tard, à Bion. Enfin A. BARIGAZZI, *De papyro graeco Vindobonensi* 29801, in *Athenaeum*, XXXIV, 1946, p. 7-27, le considère non comme un hymne à Pan, mais comme un poème bucolique postérieur à l'époque de Théocrite.

à Moschos, Εὐρώπη, 63-74 :

— Comme Donacé, Europe est surprise au moment
où elle cueille des fleurs.

Troisième Bucolique.

à Théocrite :

— L'expression : *nec non et pulcher Amyntas*, v. 1,
serait une reprise de... σὺν καὶ τρίτος ἄμμιν 'Αμύντας,
Idylle 1, 2.

— Le thème de Pan se reposant des fatigues de la
chasse se trouve au vers 12 de l'idylle 1.

au *Papyrus de Vienne* :

— La trame des vers 1-8 est identique à celle qu'offre
le texte du *Papyrus* : tandis que Pan, épuisé par la chasse,
s'est endormi, de jeunes bergers lui dérobent sa flûte.

à Callimaque, *Hymnes* :

— Il y aurait lieu de rapprocher :
2, 38 et Némésien v. 20
1, 46-54 — 25-30, et en particulier 46 : προσεπηχύναντο
et 28 : *resupinis sustinet ulnis*
3, 75-76 et Némésien v. 30-31
1, 56   —   35.

— Enfin l'emploi des qualificatifs *montiuagus*, v. 17,
et *hederatus*, v. 18, manifesterait bien l'intention d'imiter
des adjectifs composés comme ὀρειοχαρής, κισσοκόμης, ou
des participes adjectivés comme κεκισσώμενος.

Quatrième Bucolique.

à Théocrite :

— Peuvent être rapprochés :

10, 30-31	et Némésien v.	26-29
11, 42	—	30
11, 19	—	38

          7, 22   et Némésien   v. 40-41
         11, 45-48   —   46-48
         24, 94   —   65.

au Pseudo-Théocrite :

— Il est tentant de rapprocher : v. 27-30 et Némésien
v. 21-24.

Parmi ces divers rapprochements, tant de fond que de
forme, les plus plausibles sont ceux que suggèrent la
troisième bucolique et le *Papyrus de Vienne*. D'autres
le sont beaucoup moins. Quand L. Castagna [1] prétend,
par exemple, que l'adjectif *Oeagrius*, 1, 25, est une preuve
que Némésien a imité le vers 17 de l' Ἐπιτάφιος Βίωνος :
εἴπατε δ'αὖ κούραις Οἰαγρίσιν, on ne peut s'empêcher
d'objecter que ce même adjectif se trouve aussi chez
Manilius, 5, 326, et Stace, *Theb.* 5, 343, qui, tous deux,
furent indéniablement imités par notre poète.

On est donc amené à conclure que, s'il connaissait
les poètes grecs que citent les critiques italiens, il doit
bien davantage à Virgile et à Calpurnius Siculus.

La valeur littéraire.
Les bucoliques I, II, IV.

L'impudeur avec laquelle
Némésien, dont on a pu
écrire qu'il était « l'un des
pires corsaires de la poésie latine » [2], a pratiqué l'*adum-
bratio*, justifie la réprobation quasi-unanime [3] des juge-
ments portés sur les bucoliques 1, 2 et 4. Le plus sévère est
à coup sûr celui de F. Lenz [4], qui aurait supprimé « sans
remords » ces trois églogues de la littérature latine.

Comment croire en effet, pour ne donner que ces exemples, à la sincérité du deuil de Thymoetas, quand il
pleure Mélibée en des termes empruntés peut-être à
Cicéron et sûrement à Manilius [5], ou à la vérité de la

---

1. L. Castagna, *op. cit.*, p. 436. On est d'ailleurs surpris
de constater que les critiques italiens ne tirent pas argument
de l'invocation à Δηώ, *Buc.* 2, 50.
2. R. Verdière, *La Bucolique post-virgilienne*, p. 185.
3. Seul P. Monceaux, *op. cit.*, p. 379-380, fait exception
4. F. Lenz, *R.E.*, XVI, s.u. *Nemesianus* [1], c. 2335.
5. *Buc.* 1, 37-40. Cf. la note 42, p. 65.

passion d'Idas pour Donacé, quand il remémore les baisers qu'elle lui a donnés en des vers volés à Calpurnius [1] ? Le poète se contente trop souvent de tailler des passages dans les volumes de sa bibliothèque et de les recoudre, tels quels, dans une trame pour laquelle ils n'étaient pas faits. Ainsi, chez Virgile, à la mort du demi-dieu Daphnis, les animaux refusaient de manger et de boire, les lions gémissaient [2] : des manifestations de douleur identiques, à ceci près que les lions sont remplacés par des animaux domestiques, se reproduisent chez Némésien lorsqu'un adolescent a passé trois jours sans voir sa belle, que ses parents ont prudemment enfermée [3] ! Et si d'aventure le poète modifie quelque détail, c'est pour se livrer à une surenchère qui n'est pas du meilleur goût : le Corydon de Virgile [4] avait-il mille brebis et le Lycidas de Calpurnius [5] un troupeau de vaches important ? Idas, lui, a seize ans, mais possède mille vaches. *Si quos habet arbor amores*, écrivait Properce [6] : *suos habet arbor amores*, renchérit Némésien [7]. On comprend donc qu'il soit souvent comparé au geai de La Fontaine.

Il ne s'est pas attiré cette seule critique. On n'a pas manqué de constater que le cadre de ses poèmes est si conventionnel, si vide de détails originaux, et que la langue de ses bergers est si dénuée de réalisme que presque rien dans ses bucoliques ne révèle son origine africaine. On déplore également qu'il n'ait fait aucun effort pour donner à son œuvre une inspiration nationale : Calpurnius avait au moins tenté de le faire, quand il prophétisait aux Romains que Néron allait leur rendre l'âge d'or.

Et pourtant Némésien a bien droit à quelque excuse, quand ce ne serait que celle de la jeunesse. Il a peut-être tout juste vingt ans lorsque son protecteur Mélibée [8] décèle

1. *Buc.* 2, 37-39. Cf. la note 30, p. 49.
2. *Buc.* 5, 25-28.
3. *Buc.* 2, 29-32.
4. *Buc.* 2, 21.
5. *Buc.* 3, 66.
6. *El.* 1, 18-19.
7. *Buc.* 4, 29.
8. *Buc.* 1, 58-63.

en lui un talent précoce et lui conseille de se lancer sur
la voie qu'avait tracée Virgile. Est-il si surprenant que,
pour ses débuts, le poète ait modestement suivi pas à
pas celui qui était pour lui le guide le plus sûr vers le
succès qu'il souhaitait ardemment ? Au reste, s'il est
fasciné par Virgile, il l'est bien moins par Calpurnius,
avec lequel il donne souvent l'impression de rivaliser
heureusement : tandis que les poèmes de Calpurnius
débutent parfois de manière abrupte et finissent de
même, les siens sont toujours éclairés par une introduction et une conclusion qui les situent dans leur cadre
authentique ; il a, au moins autant que son prédécesseur,
le sens des proportions, comme en témoigne le chant
amébée de sa quatrième églogue composé de dix répliques
harmonieusement symétriques ; il introduit, dans sa
quatrième bucolique, un refrain [1] dont la répétition
est un peu monotone, mais qui ne manque pas d'un
charme mélancolique ; il traite encore des thèmes que
Calpurnius avait dédaignés, je veux parler de ce remède
au mal d'amour qu'offrait, dans l'antiquité, la magie [2]
et de cet amour condamné des modernes, qu'il célèbre
avec une louable discrétion [3]. Vient-il à modifier l'un
des thèmes pris à son devancier ? il sait ne pas tomber
dans la vulgarité : quand l'*intacta* Crocalé [4], devenue
Donacé [5], succombe à l'impétuosité de deux jeunes
bergers, loin de se complaire dans un tableau aussi
scabreux que facile, Némésien se révèle, comme l'a
dit à juste titre R. Verdière [6], « un psychologue finement
averti... qui dépeint comment la découverte de l'amour
physique entraîne la découverte de l'amour-passion,
avec son cortège de rêveries vagues, de désirs lancinants
et d'aspirations indicibles ».

Dans le long intervalle de deux siècles qui sépare
Calpurnius de Némésien, Rome n'a eu, probablement,

1. *Cantet, amat quod quisque : leuant et carmina curas.*
2. *Buc.* 4, 62-72.
3. *Buc.* 4.
4. Calpurnius, *Buc.* 3.
5. *Buc.* 2.
6. R. Verdière, *La Bucolique post-virgilienne*, p. 179.

aucun poète bucolique digne de ce nom [1]. L'une des
causes qui expliquent cette longue éclipse est, sans doute,
le mépris de plus en plus marqué pour les choses et les
gens de la campagne lié au développement de plus en
plus rapide des villes. Le Romain, d'agriculteur, de
vétéran-colon, s'est mué peu à peu en prétorien, en sous-
officier de garnison. Les terres qui produisent les revenus
dilapidés à Rome ont été abandonnées aux mercenaires,
aux affranchis et aux esclaves. La muse pastorale délaissée
n'inspire plus guère que quelques poètes satiriques comme
Juvénal ou compositeurs d'épigrammes comme Martial,
qui s'efforcent de donner une forme littéraire aux aspirations vagues nées de l'obsession causée par le tracas
des villes. Umbricius [2] veut acheter à Sora, à Fabra-
teria ou à Frusino, une petite maison pas chère et un
jardinet autour d'un puits peu profond, parce que le
fracas de Rome le prive de sommeil et qu'il refuse
de se ruiner pour s'abandonner à des plaisirs frelatés.
Martial [3] se retire dans une petite métairie espagnole,
non pour y élever moutons et chèvres, mais pour aller
à la chasse, à la pêche, cuire des œufs sous la cendre et,
par dessus tout, jouir de la nature libre, à la façon d'un
gentilhomme campagnard doublé d'un esthète raffiné.

Au mépris systématique des réalités de la campagne
se joint l'affaiblissement progressif de la suprématie
politique de Rome, à une époque où les maîtres de l'empire sont souvent assassinés avant même d'avoir conquis
vraiment le pouvoir. Placés dans ces conditions, comment
des poètes, même doués pour le genre bucolique, eussent-
ils pu tenter d'y exalter les grandes destinées de Rome
et de ses empereurs, comme Calpurnius s'y était encore
essayé à l'aube du règne de Néron ?

Dès lors, il serait bien injuste de faire un grief à Némésien d'avoir évité des écueils contre lesquels il se serait
brisé, et de ne pas avoir cherché à ramener la bucolique

---

1. On ne saurait accorder une grande valeur littéraire aux
Carmina Einsiedlensia.
2. Juvénal, 3.
3. Martial, 1, 56, et 3, 58.

à un provincialisme agricole que ne pouvaient goûter les lettrés romains dont il voulait gagner les suffrages. Avant lui, Calpurnius avait succombé à la tentation géorgique [1] : remercions son successeur de nous avoir épargné des poèmes sans âme ! On lui saura gré plutôt de s'en être tenu à ce que M. Schanz appelle durement une « honorable médiocrité » [2] et d'avoir observé la mesure dans le choix de ses sujets comme dans la peinture de ses personnages : le gentil rossignol apprivoisé qu'Alcon offre à Donacé [3] convient mieux à des vers sans prétention que le cerf si magnifiquement harnaché proposé par Astyle [4], comme prix d'une joute poétique, … à des bergers ; de même, la première églogue évite toute faute de goût choquante : Mélibée, simple mortel, ne pouvait prétendre au titre de *deus* décerné à Daphnis, et Némésien a su donner à son éloge funèbre le ton d'une *consolatio* et non celui d'une apothéose.

Il reste qu'il s'est souvent rendu coupable d'avoir rançonné autrui sans vergogne. Mais il n'est pas le seul écrivain à en avoir usé de la sorte. Peut-on oublier que l'*Arcadie* de Sannazar n'est parfois [5] qu'une traduction assez libre, et qui plus est en prose, de nos bucoliques, ou que Pétrarque avait bonne mémoire [6] quand il

1. Calpurnius, *Buc.* 5.
2. « Archtbare Mittelmässigkeit » (*Geschichte der römischen Literatur*, p. 32).
3. *Buc.* 2, 60-66.
4. *Buc.* 6, 32-45.
5. Cf., par exemple, dans l'édition de l'*Arcadia* procurée par E. Carrara, *Collezione di classici italiani*, Turin, 1944, p. 44-45, le passage : « O felice Androgèo… la fama tua », qui est une traduction presque littérale des vers 69-85 de la première bucolique.
6. Cf., par exemple, dans l'édition du *Bucolicum Carmen* procurée par T. Mattucci, Giardini, Pise, 1970, les vers 63-67 de la quatrième bucolique :

> Brevis ecce juventae
> flos cecidit. Tunc tempus erat ! Iam discere turpe est
> quod pulcrum didicisse feret. Sic volvitur aetas,
> omnia sic volvit fugiens, ac nescia freni,

et les vers 290-292 de la dixième :

> formosusque figas lucum omnem fronte serena
> et pastorali rus majestate regebat
> otia ni desint, nulli usquam voce secundus,

composait son *Bucolicum Carmen* ? Faut-il accuser Ronsard de vol lorsqu'après Calpurnius, puis Némésien, il écrit dans une églogue [1] :

> Maintenant tu romprois de ton baiser mon chant,
> Maintenant tu yrois de ta lèvre cherchant
> A m'oster le flageol hors de la lèvre mienne,
> Pour y mettre en son lieu le coral de la tienne ?

Soyons équitables et reconnaissons que Némésien ne manque pas de « virtuosité » [2] pour fondre ses rapines diverses en une composition harmonieuse. A tout prendre, la première bucolique vaut peut-être bien — *mutatis mutandis* — la *Consolation à Monsieur Du Périer sur la mort de sa fille* : l'exigeant Malherbe lui-même n'a-t-il point fait voisiner deux religions, dont l'une était morte depuis plusieurs siècles [3] ? Les bucoliques 1, 2 et 4 sont les essais d'un poète qui n'est pas ou ne se croit pas encore en possession de tous ses moyens : modestement, il y déploie du goût, de la sobriété et une recherche parfois heureuse de l'expressivité par le rythme [4], il pratique la *contaminatio* avec l'élégante sûreté d'un artisan de mosaïque. Et on avancerait volontiers, en réponse à F. Lenz [5], que si les poèmes de Virgile et de

qui, à mon avis, offrent une parenté manifeste, les uns avec les vers 21-24 et 32-33 de la quatrième bucolique de Némésien, les autres avec les vers 52-58 de la première.

1. *Aluyot et Fresnet*, vers 127-130, dans *Œuvres Complètes*, XII, p. 100, de P. LAUMONIER, Société des Textes Français Modernes, Paris, Didier, 1946.

2. Le terme est de M. L. PALADINI, *Il compianto di Melibeo*, p. 330.

3. On pourrait en dire autant de la plupart des poèmes du XVIᵉ et du XVIIᵉ siècles. Je cite celui-là, parce qu'il est aussi une *consolatio* et que je crois trouver un écho du vers de Némésien : *nec tenuit tales communis causa querelas* dans les vers de MALHERBE : « Le malheur de ta fille, au tombeau descendue par un commun trépas... ».

4. Un exemple frappant en est donné par les vers 70-71 de la première bucolique :

> ... *manibus hic supremus honos dant carmina Musae*
> *carmina dant Musae, nos et modulamur auena.*

5. Cf. *supra*, p. 25.

Calpurnius avaient été perdus, nous serions heureux d'en avoir conservé, grâce au talent de Némésien, d'estimables copies.

La troisième bucolique. La troisième bucolique est la première œuvre dans laquelle le poète se délivre vraiment des imitations trop strictes de poètes trop illustres. Quittant la trace de Virgile, qui, dans sa sixième églogue, ne mettait en scène que deux bergers, Némésien en présente trois, comme s'il voulait mieux expliquer l'embuscade à laquelle le grand chasseur Pan se laisse prendre à son tour, et donner à ce dieu un auditoire plus nombreux. En effet, c'est Pan, cette fois-ci, et non Silène, qui va accorder sa flûte inspirée pour des novices dont sa révélation fera des initiés, pour cette jeunesse naïve des champs en laquelle se succèdent les forces d'un éternel renouvellement, à condition qu'un *uates sacer* l'éveille à la conscience du caractère sacré des ivresses qui mûrissent en elle. Pan est le chantre du poème sans cesse recommencé de Dionysos, fils de Zeus et père de la vigne, de la seule et de l'éternelle vigne de vie. Némésien s'affranchit ici de la cosmogonie et de la mythologie de l'églogue virgilienne pour animer la sienne de l'accent et des allégories d'un hymne : nous entendons une fervente action de grâces dédiée à Bacchus.

La vie et le mystère du dieu s'y déroulent en trois phases naturellement et délicatement liées, la nativité et l'enfance, l'adolescence féconde et le triomphe qui le ramène à Zeus créateur dont il est issu. Au groupe symboliquement contrasté, exquis et grotesque à la fois, du bel enfant sacré qu'embrassent les laideurs et la tendresse animale de son père nourricier, succède l'explosion pathétique de la vendange, où se déchaîne, parmi les pampres, autour des cuves, le thiase des Satyres et des Ménades ivres du vin de l'éternelle vie ; et Dionysos lui-même, dressé au centre du tableau, thyrse en main, préside à l'orgie sacrée, accomplissant le miracle de la conversion, par le vin d'une coupe divine, de la férocité d'un lynx en la douceur de l'amour.

Ce poème, si bien agencé dans les contrastes concertés de son ordonnance, est, par son réalisme et sa grâce, son sensualisme concret et son élan spirituel, son enthousiasme profond, l'une des belles compositions inspirées par la mystique des religions orgiastiques.

La sincérité s'y hausse à l'originalité. Il faudrait une découverte pour persuader du contraire. Et, même en ce cas, il est, dans sa concision, d'une facture sans défaut. Peu importe qu'on démontre un jour que Némésien a pris pour modèle une fresque [1] ou une mosaïque, les peintures d'un vase, ou, comme l'avait déjà fait Catulle, une broderie. Faut-il l'accabler, s'il a vraiment cherché, trouvé, contemplé « un marbre sans défaut » [2] ? Même si ses vers sont le résultat d'une ἔκφρασις, ils expriment une extase qu'on pouvait encore, à son époque, éprouver. En tout cas, on a le droit d'affirmer, avec J. Burckhardt [3] et Fontenelle [4], que nous devons à Némésien la dernière églogue connue dont la bucolique latine puisse s'enorgueillir.

LES MANUSCRITS

Tous les manuscrits [5] donnent les *Bucoliques* de Némésien à la suite de celles de Calpurnius Siculus, et

1. J. HUBAUX, *Les thèmes bucoliques dans la poésie latine*, in *Mémoires de l'Académie Royale de Belgique*, XXIX, 1930, p. 246, songe aux voûtes de l'église Sainte-Constance, à Rome, qui sont ornées de Satyres vendangeurs, et au sarcophage de porphyre de la même église. R. VERDIÈRE, *La Bucolique post-virgilienne*, p. 181, propose deux sarcophages des Thermes de Dioclétien.

2. Théodore DE BANVILLE, *Les Stalactites*.

3. J. BURCKHARDT, *Die Zeit des Konstantin des Grosses*, Leipzig, E. A. Seemann, 1880, p. 149.

4. FONTENELLE, dans son *Discours sur la nature de l'églogue*, p. 177, allait même jusqu'à juger cette bucolique, qu'il attribuait d'ailleurs à Calpurnius, « bien plus belle que la (*sic*) Silène de Virgile ».

5. Ces manuscrits ont été minutieusement décrits par C. GIAR-RATANO, *Calpurnii et Nemesiani Bucolica*, Naples, Detken et Rocholl, 1910, et R. VERDIÈRE, *T. Calpurnii Siculi De Laude*

la plupart d'entre eux — ceux de la seconde famille et les *excerpta* — les attribuent même au poète néronien. Ils remontent au même archétype perdu, ainsi qu'en témoigne une faute commune : *uilia*, qu'ils présentent dans le texte de Calpurnius, en *Buc.* 4, 156, mais par deux traditions différentes : ainsi s'explique leur répartition en deux familles [1].

PREMIÈRE FAMILLE

Elle est représentée par deux manuscrits conservés et deux manuscrits perdus :

Le *Neapolitanus* VA8 = *N* (ancienne cote 380), qui appartient à la Bibliothèque *Victor Emmanuel III* de Naples, et date du début du xve siècle. Il porte de multiples corrections : les unes, une soixantaine environ, sont dues au copiste lui-même. Presque trois fois plus nombreuses, les autres ont été faites, sensiblement à la même époque, par une seconde main et doivent beaucoup aux manuscrits de la seconde famille. Une main plus récente enfin a ajouté le titre : Nemesiani eclogae.

Le *Gaddianus Laurentianus* plut. 90, 12 inf., = *G*, qui est conservé à la Bibliothèque *Medicea Laurenziana* de Florence, et date du début du xve siècle. Presque toutes les corrections qu'offre ce manuscrit sont dues au copiste lui-même : deux ou trois seulement proviennent d'une seconde main. On en compte plus de quatre-vingts dans le texte et une trentaine dans la marge : seules, à quelques rares exceptions près, sont valables celles que l'on trouve dans le texte, comme le prouve leur concordance avec les leçons de *N*. En tête des *Bucoliques*, on lit : Aureliani nemesiani cartaginensis egloghe incipiunt.

Pisonis et Bucolica et M. Annaei Lucani De Laude Caesaris, Einsidlensia quae dicuntur carmina, Bruxelles, Berchem, 1954. Aussi ne donnerai-je ici que les indications indispensables.

1. Dans la mesure du possible, j'ai conservé les sigles que C. GIARRATANO avait donnés à ceux des manuscrits qu'il avait utilisés. Pour les autres, j'ai adopté ceux proposés par R. VERDIÈRE.

C. Giarratano a démontré que, si les leçons offertes par *N* sont parfois supérieures à celles de *G*, les deux manuscrits, en tout cas, se rattachent à la même tradition.

Les manuscrits perdus :

1) Le *Codex Germanicus Thadaei Ugoleti* = *A*. L'existence de ce manuscrit est attestée, dans le *Riccardianus* 636, par deux témoignages de Niccolo Angeli, le premier à la fin des *Eglogues* de Calpurnius : ex vetustissimo Codice e Germania allato hic est transcriptus titulus finis bucolicorum Calphurnii Aurelii Nemesiani poetae Carthaginensis egloga prima, le second après celles de Némésien : Contuli ego Nicolaus Angelius hunc codicem cum multisque aliis et cum illo vetustissimo codice quem nobis Thadeus Ugoletus pannoniae regis bibliothecae praefectus e Germania allatum accommodavit in quo multa Carmina sunt reperta. Anno salutis MCCCCLXXXXII, et par les leçons qu'il en a transcrites dans ce même *Riccardianus* 636. Comme ces leçons concordent avec celles de *N G*, il est normal de ranger *A* dans la première famille. Les autres leçons fournies par N. Angeli concordent avec celles de l'*Ambrosianus* 0 74 sup., du *Vaticanus* 3152, de l'*Urbinas* 353, appartenant tous à la seconde famille, et de l'*editio Veneta* de 1472.

2) Le *Codex Boccacii* : *H*. L'existence de ce manuscrit n'est attestée que par la note qui figure dans l'*Harleianus* 2578, à la suite des *Bucoliques* de Némésien : Collatus accuratissime hic codex cum illo vetustissimo : quem thadeus ugoletus pannoniae regis bibliothecae praefectus e Germania secum attulit. et cum illo quem johannes boccaccius propria manu scripsisse traditur bibliothecae sancti spiritus florentini dicatum. et cum plerisque aliis : ubi titulum et operis divisionem : multa etiam carmina reperimus.

Pour C. Giarratano, les leçons offertes par l'*Harleianus* doivent être attribuées, puisqu'elles n'ont pas été mentionnées par N. Angeli dans le *Riccardianus* 636, à ce manuscrit perdu, qui appartient à la première famille.

R. Sabbadini [1] allait même jusqu'à considérer qu'il était l'archétype de *NG*.

DEUXIÈME FAMILLE

Elle compte 23 manuscrits :

Conservés à la Bibliothèque *Ambrosiana* de Milan, l'*Ambrosianus* O 74 sup. = *a*, du xve siècle, et l'*Ambrosianus* I 26 sup. = *b*, de 1463.

Conservés à la Bibliothèque *Vaticana* de Rome, le *Vaticanus* 2110 = *c*, du xve siècle ; le *Vaticanus* 3152 = *d*, du xve siècle ; le *Vaticanus Urbinas* 353 = *e*, du xve siècle ; le *Vaticanus Ottobonianus* 1466 (*olim Altaempsianus*) = *f*, du xve siècle ; le *Vaticanus Palatinus* 1652 = *g*, de 1460 ; le *Vaticanus Reginensis* 1759 = *h*, du xve siècle.

Le *Laurentianus plut.* 37, 14 = *i*, et le *Laurentianus Edili* 203 = *j*, tous deux du xve siècle, qui appartiennent à la Bibliothèque *Medicea Laurenziana* de Florence.

Le *Leidensis Vossianus* Q 107 = *k* (*Bibliotheck der Rijksuniversiteit* de Leyde), écrit entre 1470 et 1510.

Le *Sloanius* 777 = *l* (*British Museum* de Londres), du xve siècle.

Le *Riccardianus* 724 (*olim* LIIII 10) = *n*, qui appartient à la Bibliothèque *Riccardiana* de Florence et date du xve siècle.

Le *Quirinianus* CVII 1 = *p* (Bibl. *Quiriniana* de Brescia), du xve/xvie siècle.

Le *Corsinianus* 43 F5 = *q* (Bibl. *Corsiniana e dei Lincei* de Rome), du xve siècle.

Conservés à la Bibliothèque de l'Administration municipale de Bratislava, le *Rehdigeranus* I, 4, 10 = *r*, et le *Rehdigeranus* I, 4, 11 = *s*, tous deux du xve siècle.

Le *Riccardianus* 636 (*olim* LIIII 14) = *u*, qui appartient à la Bibliothèque *Riccardiana* de Florence, et date du xve siècle. En plus des leçons de *A* et de manuscrits de la seconde famille transcrites par N. Angeli [2], ce

---

1. R. Sabbadini, *Le scoperte dei codici latini e greci ne' secoli XIV et XV. Nuove ricerche*, Florence, Sansoni, 1914, p. 205 sq.
2. Cf. *supra*, p. 34.

témoin présente de multiples corrections $= u^2$, dont il est difficile de distinguer les mains.

Conservés à la *Staatsbibliothek Bayerische* de Munich, le *Monacensis* 362 $= v$, de 1465, et le *Monacensis* 19699 $= w$, de 1510. Ce dernier serait une copie [1] de la deuxième *editio Dauentriensis* (1491).

Le *Bruxellensis* 20589 $= x$ (Bibl. Royale de Bruxelles), qui représente la seconde partie, séparée accidentellement de la première, du *Bruxellensis* 20428 [2], et qui date de 1490. Selon R. Verdière [3], ce manuscrit a été copié sur l'*editio Dauentriensis prior*, qui se trouve à la *Koninklijke Bibliotheck* de La Haye, sous la référence 170 G 33 (222).

Le *Vindobonensis* 305 $= y$ (*Oesterreichische National-bibliothek* de Vienne), du xvᵉ siècle.

L'*Holkhamiensis* 334 $= z$, qui appartient à la Bibliothèque du Comte de Leicester et qui date du xvᵉ siècle.

Tous ces manuscrits, qui présentent des fautes identiques, omissions de mots et de vers, interpolations et corrections mal venues, procèdent sans aucun doute d'une même tradition, différente de celle de NG, tout en lui étant inférieure : NG et les témoins de la seconde famille sont en désaccord pour plus de 200 leçons, et les bonnes leçons sont pratiquement deux fois plus nombreuses dans NG. H. Schenkl [4] avait cru pouvoir diviser la seconde famille en deux classes, v ($= a$, c, d, e, g, h, j, l, n, s, v, w, y, z) et w ($= f$, i, k, r), mais C. Giarratano a estimé que cette classification était arbitraire. Tout au plus peut-on constater des parentés plus étroites entre n et h, entre p et s, entre f, i, k, r et l'*editio princeps*, entre d, e, r, u, w, x, l'*editio ueneta* et les éditions de Daventer.

1. R. Verdière, *T. Calpurnii Siculi De Laude Pisonis*, p. 83.

2. Cf. F. Masai, *La suite du Calpurnius Siculus de Bruxelles*, in *Scriptorium*, VII, 1953, p. 265.

3. R. Verdière, *A propos du Calpurnius Siculus de Bruxelles*, in *Scriptorium*, VIII, 1954, p. 296-297.

4. H. Schenkl, *Zur Textesgeschichte der Eclogen des Calpurnius und Nemesianus*, in *Wiener Studien*, V, 1883, p. 294 sq., et *Calpurnii et Nemesiani Bucolica*, p. L-LII.

LES EXCERPTA

Des extraits très brefs de la quatrième bucolique figurent dans quelques florilèges. Ce sont :

1) Une partie du vers 19 : *leuant et carmina curas*, les vers 21-24, le vers 32 dans le *Parisinus lat.* 17903 (ancien *Nostradamensis*), datant du xiie/xiiie siècle ; le *Parisinus lat.* 7647 (ancien *Thuaneus*), datant de la même époque ; l'*Atrebatensis* 64, du xive/xve siècle ; l'*Escorialensis* Q.I.14, du xiiie/xive siècle [1] ; le *Berolinensis Diez. B. Santen* 60, du xive siècle.

2) Une partie du vers 38 : *uocat aestus in umbram*, dans les quatre premiers florilèges.

3) Les vers 20-32 et 56-59 dans le *Bononiensis* 83 (52 II n. 1), du xve/xvie siècle.

Si tous ces fragments procèdent du même archétype que les manuscrits des deux familles, les leçons offertes par les cinq premiers, supérieures à celles du *Bononiensis*, concordent fréquemment avec celles de la seconde famille. Aussi ne sont-elles pas d'un grand secours pour l'établissement du texte : la seule notable est, dans le *Berolinensis*, *hic* au vers 21.

LES ÉDITIONS

Les nombreuses [2] éditions des *Bucoliques* de Calpurnius Siculus et de Némésien qui ont précédé celle de C. E. Glaeser sont toutes tributaires des manuscrits de la seconde famille. Les différences qu'elles présentent trahissent la prépondérance accordée à tel ou tel de ces manuscrits par leurs auteurs.

En dehors de l'*editio princeps*, sans nom d'auteur, à Rome en 1471, on doit signaler les éditions de J. van

---

1. Dans ces quatre manuscrits, les vers 21-24 sont accompagnés du titre : Ad superbientem de pulcritudine. Le vers 32 est présenté, dans les trois premiers, avec le titre : de fluxu omnium, dans le quatrième, avec le titre : de fluxu omnium rerum.

2. On en trouvera une liste dans R. Verdière, *T. Calpurnii Siculi De Laude Pisonis*, p. 7-10.

der Vliet et de J. C. Wernsdorf, qui comportent un commentaire suggestif, et celle de P. Burman, dont le commentaire n'est le plus souvent qu'une compilation insipide, mais se réfère, pour la première fois dans l'histoire du texte des *Bucoliques* de Némésien, à une collation du *Neapolitanus* VA8 faite par J. J. d'Orville. Malheureusement, P. Burman n'a pas su reconnaître la valeur éminente de ce manuscrit.

Parmi les éditeurs modernes, C. E. Glaeser fut le premier à accorder plus de crédit au *Neapolitanus* VA8 qu'aux manuscrits de la seconde famille. Mais il mit trop de prudence à en adopter les leçons. E. Baehrens collationna, pour la première fois, le *Gaddianus Laurentianus plut.* 90, mais de manière trop hâtive. L'édition de Ch. H. Keene n'est guère qu'une reproduction de celle de C. E. Glaeser et marque un net retour en arrière par rapport à celle d'E. Baehrens. H. Schenkl a soigneusement étudié la plupart des manuscrits mais s'est trop souvent laissé aller à corriger le texte sans nécessité. La collection Loeb enfin n'apporte rien, en dehors d'une traduction correcte, à la meilleure édition critique des *Bucoliques*, celle de C. Giarratano, qui présente avec objectivité la plupart des points litigieux.

Aussi est-il difficile d'offrir une édition révolutionnaire. J'espère seulement, grâce à la révision personnelle que j'ai faite, sur photocopies, des manuscrits *N G A H* et *b e h j u y* [1], donner un apparat quelque peu plus précis.

---

1. De fait, en ce qui concerne la seconde famille, j'ai pu examiner *a, b, c, d, e, f, g, h, j, u* et *y* : j'ai d'abord constaté qu'en raison des fautes similaires qu'ils comportent, il était difficile, pour opérer une sélection, de prendre leur valeur pour critère. Comme, d'autre part, tous les témoins de cette famille sont de la même époque, le critère de la date n'était d'aucun secours. Si j'ai finalement choisi de donner le *Riccardianus* 636, ce fut pour obéir à un scrupule, car il n'est vraiment pas aisé de déterminer si certaines des leçons ou corrections qu'il offre ressortissent à *A, u* ou *u* [2], et parce que *u* [2] est, en quelque sorte, une somme des variantes apportées par d'autres manuscrits, entre autres *a* et *d*. J'ai ensuite retenu *b, e* et *h*, parce qu'ils sont particulièrement bien conservés ; *j*, le seul qui, à ma connaissance, présente en 2, 85 la variante *cantabimur*, adoptée par beaucoup d'éditeurs ; *y* enfin, que C. GIARRATANO n'a pas mentionné.

SIGLA

Glaeser	C. E. Glaeser, éd. des *Bucoliques* de T. Calpurnius Siculus, Göttingen, Dietrich, 1842.
Haupt	M. Haupt, *De Carminibus Bucolicis Calpurnii et Nemesiani*, Leipzig, Hirzel, 1875.
Heins.	Heinsius in ed. I. C. Wernsdorfii.
Keene	Ch. H. Keene, éd. des *Bucoliques* de Calpurnius Siculus et de Némésien, Londres, Bell, 1887.
Maehly	In ed. C. Giarratano.
Rom.	Editio Romana, 1471.
Schenkl	H. Schenkl, éd. des *Bucoliques* de Calpurnius et de Némésien, Leipzig, Freytag, et Prague, Tempsky, 1885.
Schubert	In ed. C. Giarratano.
Summers	In ed. C. Giarratano.
Titius	Titii (R. Titi) editio Florentina, 1590.
Ugol.	Angelii Ugoleti editio Parmensis, 1493 ?
Vlit.	Vlitii (J. van der Vliet) editio Leidensis, 1645.
Ven.	Editio Veneta, 1472.
Verdière	R. Verdière, *Prolégomènes à Nemesianus*, Leyde, Brill, 1974.
Wernsdorf	J. C. Wernsdorf, éd. des *Poetae Latini Minores*, I, Altenburg, Richter, 1780 (rééd., Paris, Lemaire, 1824).

THYMOETAS, TITYRE

THYMOETAS

« Tandis qu'avec le jonc de la rivière, Tityre, tu tresses
une corbeille [1] et que dans les champs se taisent les
cigales au chant rauque [2], prélude, si tu sais quelque
mélodie [3] qui s'adapte aux lois [4]* de la flûte grêle [5]*. Car
tu as appris de Pan [6]* à souffler dans les chalumeaux
5 de ta lèvre mignonne [7]*, et tu dois le don de la poésie
aux faveurs d'Apollon [8]*. Prélude, cependant que les
chevreaux tondent les saules et les vaches les herbages,
pendant que la rosée et la mansuétude des premiers
rayons du soleil [9]* t'engagent à lâcher les troupeaux
dans les verts pâturages [10]*.

TITYRE

Ces années et ces cheveux blanchis, voisin Thymoetas [11]*,
10 est-ce bien toi, garçon jeune et cher aux dieux [12]*, qui

---

1. Cf. Virg., *Buc.* 2, 72 : *uiminibus mollique paras detexere
iunco* ; 10, 71 : *dum sedet et gracili fiscellam texit hibisco* ; Tib.
2, 3, 15 : *tunc fiscella leui detexta est uimine iunci* ; Calp. 3, 68-9 :
sed mihi nec gracili sine te fiscella salicto texitur.
2. *Raucis immunia rura cicadis* : cf. Virg., *Buc.* 2, 12-13 :
raucis... ¡sole sub ardenti resonant arbusta cicadis ; *Georg.* 3, 328 :
et cantu querulae rumpent arbusta cicadae ; Calp. 5, 56 : *argutae
nemus increpuere cicadae.*
3. *Incipe, si quod habes* : cf. Virg., *Buc.* 9, 32 : *incipe, si quid
habes* (cf. aussi 3, 52 ; 8, 21 et 25, etc.).

THYMOETAS, TITYRVS

Thymoetas

« Dum fiscella tibi fluuiali, Tityre, iunco
texitur et raucis immunia rura cicadis,
incipe, si quod habes gracili sub harundine carmen
compositum. Nam te calamos inflare labello
Pan docuit uersuque bonus tibi fauit Apollo. 5
Incipe, dum salices haedi, dum gramina uaccae
detondent, uiridique greges permittere campo
dum ros et primi suadet clementia solis.

Tityrvs

Hos annos canamque comam, uicine Thymoeta,
tu iuuenis carusque deis in carmina cogis ? 10

1. fiscella $N^1GHbehjuy$: cistel-N^2 ‖ tityre Hu : tyti- *uel* titi-
cett. ut semper ‖ 2. raucis $NHbehjuy$: raris G ‖ immunia G :
inmutua $Nhjy^1$ imitue A imitatur u^1 resonant tua Heu^2y^2, *Burm.*,
Wernsdorf immi tua b rumpuntur *Haupt, et alii alia* ‖ 3. quod
$NGHbe$: quid $hjuy$ ‖ 4. labello $NHbehjuy$: sab- G ‖ 5. uersuque
$N^1GHbehjuy$: -susque N^2 ‖ fauit $NHbehju^1y$: flauit GAu^2 ‖
7. detondent $Hbehjuy$: -det G -deret N ‖ uiridique $N^{ac}GHbehjuy$:
-lique N^{pc} ‖ greges *codd.* : gregem $Ugol.$ ‖ permittere $Nbehju^2$:
H permict- G promict- u^1 committ- y ‖ 8. dum NG : et $Hbehjuy$ ‖
suadet $NGHbhjuy$: -dent e ‖ 9. comam GAH : coma N meam
$behjy$ ‖ uicine $NGAH$: mihi care $behjy$ ‖ thymoeta *Haupt* :
timeta N^2AH timere N^1G senectam $behjy$ ‖ 10. carusque $NHbeh$
juy : -risque G ‖ deis $NGHbhj$: diis uy deos e.

veux les contraindre aux chants ? J'ai récité des vers
et je les ai chantés, en m'accompagnant du pipeau,
autrefois, quand mon âge insouciant s'amusait aux jeux
folâtres de l'amour [13]. Maintenant, ma tête est blanche
et mes désirs ont tiédi sous l'effet des années [14] ; désor-
mais, ma flûte est suspendue [15], en hommage à Faune,
15 dieu des campagnes [16]. De ton nom, maintenant, réson-
nent les champs [17] ; car ta récente victoire dans la joute
poétique que j'arbitrais [18] a ridiculisé le pipeau et le
souffle discordant [19] de Mopsus : en ma compagnie,
Mélibée, notre ancien, vous avait entendus tous les
deux et portait jusqu'aux nues tes louanges [20]*. Il a
maintenant d'une vie accomplie fini de franchir les
20 étapes [21]*, et habite en un point de la sphère réservée
au séjour [22]* des justes [23]*.
Eh bien ! si donc [24]* tu gardes pour lui quelque recon-
naissance [25]*, que ta flûte [26]* aux accents si doux célèbre
ses mânes illustres !

THYMOETAS

Et il me sied d'obéir à tes ordres, et tes ordres m'a-
gréent [27]*. Il aurait bien mérité [28]*, en effet, notre ancien,
qu'un poème de Phoebus, les roseaux de Pan, la lyre
25 de Linus ou celle d'Orphée [29]*, le fils d'Oeagre, le célé-
brassent de concert et fissent sonner les exploits et les
mérites si nombreux qui le signalèrent [30]*. Mais, puisque

13. *Ludebat amores* : cf. Lucr. 4, 1101 : *in amore... ludit* ; Ov.,
Met. 13, 737 : *elusos... amores* ; Tib. 1, 2, 89 : *qui... lusisset amores*.
14. Cf. Hor., *Carm.* 2, 11, 6-8 ; Prop. 2, 10, 7, et 3, 5, 23-24 ;
Tib. 1, 8, 41-42 ; Stat., *Theb.* 2, 341-2.
15. Quand ils renonçaient à leur art, les musiciens consacraient
leur instrument aux dieux. Cf. Virg., *Buc.* 7, 24 ; Hor., *Carm.* 3, 26,
4 ; Tib. 2, 5, 29-30.
16. *Ruricolae... Fauno* : cf. Ov., *Met.* 6, 392 : *ruricolae... Fauni* ;
Carm. Einsid. 1, 9 : *siluicolae... Fauni*.
17. *Te nunc rura sonant* : cf. Virg., *Buc.* 1, 5 : *formosam resonare doces Amaryllida siluas* (cf. aussi Ov., *Met.* 10, 205).
18. *Iudice me* : cf. Hor., *Ars*, 244 ; Virg., *Buc.* 4, 58-59 ; Ov.,
Trist. 4, 4, 30, et 5, 5, 38 : *me... iudice*.
19. *Dissona flamina* : cf. Stat., *Silu.* 2, 2, 114-5 : *seu dissona
nectit/carmina*.

Diximus et calamis uersus cantauimus olim,
dum secura hilares aetas ludebat amores.
Nunc album caput et ueneres tepuere sub annis ;
iam mea ruricolae dependet fistula Fauno.
Te nunc rura sonant ; nuper nam carmine uictor   15
risisti calamos et dissona flamina Mopsi
iudice me : mecum senior Meliboeus utrumque
audierat laudesque tuas sublime ferebat.
Quem nunc emeritae permensum tempora uitae
secreti pars orbis habet mundusque piorum.   20
Quare age, si qua tibi Meliboei gratia uiuit,
dicat honoratos praedulcis tibia manes.

THYMOETAS

Et parere decet iussis et grata iubentur.
Namque fuit dignus senior, quem carmine Phoebus,
Pan calamis, fidibus Linus aut Oeagrius Orpheus   25
concinerent totque acta uiri laudesque sonarent.
Sed quia tu nostrae laudem deposcis auenae,

---

11. diximus *N GHu* : uixi- *behjy, Burm., Wernsdorf* ‖ calamis uersus
ey : calamis et uersu *N G* calamis et uersus *A* uersu calamis *H* calamis
uersu *bju* calamos uersu *h* calamis et uersum *Baehr.* ‖ cantauimus
codd. : manda- *Heins.* apta- *Baehr.* ‖ 12. hilares *Hbehjuy* : illa-
N yla- *G* ‖ ludebat *N^{pc}GH^{ac}behju* : luda- *N^{ac}H^{pc}* rumpe- *y* ‖
13. et *NGAHe* : ac *bhjuy* ‖ tepuere *N G^{pc}y^2* : intepu- *G^{ac}* stupu-
Hbehjuy^1 ‖ 14. iam *behjuy* : nam *N G* et *H* ‖ 15. te *N GAH* : et
behjuy ‖ rura *N GAHbehjy* : tuta *u* ‖ carmine *Hbhju^{2}y* : -na *N Geu^1* ‖
16. flamina *NAHbehju^1* : carmi- *Gu^{2}y* ‖ 17. meliboeus *AH* :
-beus *cett. ut semper* ‖ 20. piorum *Hbju^{pc}y* : priorum *N Gehu^{ac}* ‖
21. uiuit *codd.* : uiui *Castigl.* ‖ 22. praedulcis *N GHbeu^{2}y* :
per- *hju^1* ‖ 25. calamis *N GHbhjuy* : -mus *e* ‖ fidibus *Nu^1* : -busque
GHbehju^{2}y ‖ linus *N^{2}Hehuy* : lydus *G* sicl' *N^1* limis *b* ‖ aut oeagrius
N : aut egrius *G* modulantibus *bjy* -latibus *Hehu* ‖ 26. concinerent *N GHbejuy* : -cinnent *h* ‖ totque *N GHu^2* : atque *behju^{1}y* ‖
sonarent *N G^{pc}Hbehjuy* : -bant *G^{ac}* ‖ 27. quia *N GHbeuy* : quare
hj ‖ laudem *N^{1}G* : musam *N^{2mg}Hbehjuy.*

de ma flûte tu réclames cet éloge, écoute, sur ce thème, l'hymne de ma composition que conserve, gravé dans son écorce, le cerisier que tu vois près de la rivière [31].

TITYRE

30 Eh bien, entonne-le ! Toutefois, pour éviter d'être gênés par le bruit de ce pin que le vent rend bavard [32], gagnons de préférence ces ormes et ces hêtres [33].

THYMOETAS

Je veux bien chanter ici : une moelleuse prairie étale sous nos pieds son vert tapis et, au loin, tout le bocage est silencieux [34*] ; regarde ! vois comme, là-bas, tranquilles, les taureaux paissent l'herbage [35*] ! Ether, qui 35 tout engendres [36*], Eau, principe des êtres, Terre, mère des corps, Air, qui entretiens la vie [37*], accueillez mes chants [38*] et portez-en le message à notre Mélibée, s'il est donné à ceux qui reposent, après leur destinée remplie, de garder le sentiment [39*]. Oui, si les âmes qui se sont envolées habitent les étendues célestes [40*] et le domaine 40 des astres, si elles jouissent du séjour [41*] qui leur est réservé [42*], prête l'oreille, Mélibée, à mes accents que tu as toi-même encouragés de ton cœur bienveillant [43*] et que tu as approuvés. Une longue vieillesse accompagnée longtemps d'hommages unanimes [44*], des années heureuses et le dernier cycle du temps qui nous est dévolu 45 ont clos les étapes de ta vie sans reproche [45*]. Et pour-

---

31. Cf. Virg., *Buc.* 5, 13-14 : *immo haec in uiridi nuper quae cortice fagi / carmina descripsi* ; Calp. 3, 43-44 : *nam cerasi tua cortice uerba notabo / et decisa feram rutilanti carmina libro* ; 1, 20-21 : *sed quaenam sacra descripta est pagina fago / quam modo nescio quis properanti falce notauit ?*

32. Cf. Calp. 2, 95 : *iam resonant frondes, iam cantibus obstrepit arbos* ; 4, 2 : *sub hac platano, quam garrulus astrepit humor* ; 6, 61 : *sed ne uicini nobis sonus obstrepat amnis.*

33. Cf. Calp. 3, 14 : *has pete nunc salices et laeuas flecte sub ulmos* ; Virg., *Buc.* 5, 3 : *hic corylis mixtas inter consedimus ulmos ?*

accipe quae super haec cerasus, quam cernis ad
[amnem,
continet, inciso seruans mea carmina libro.

TITYRVS

Dic age ; sed nobis ne uento garrula pinus   30
obstrepat, has ulmos potius fagosque petamus.

THYMOETAS

Hic cantare libet : uirides nam subicit herbas
mollis ager lateque tacet nemus omne ; quieti
aspice ut ecce procul decerpant gramina tauri.
Omniparens aether et rerum causa, liquores,   35
corporis et genetrix tellus, uitalis et aer,
accipite hos cantus atque haec nostro Meliboeo
mittite, si sentire datur post fata quietis.
Nam si sublimes animae caelestia templa
sidereasque colunt sedes mundoque fruuntur,   40
tu nostros aduerte modos, quos ipse benigno
pectore fouisti, quos tu, Meliboee, probasti.
Longa tibi cunctisque diu spectata senectus
felicesque anni nostrique nouissimus aeui

---

28. *om. behjuy* ‖ 29. seruans *N GAH* : quercus *behjuy* ‖ 30. garrula
Hbjuy : garu-*N G*^{pc}*ch* cartu- *G*^{ac} ‖ 31. obstrepat *GHeju* : -pet *Nbhy* ‖
fagosque *N Ghu* : -gosue *AHbej* -gos ne *y* ‖ 32. subicit *NH* : subigit
Gbhuy subegit *j*^{ac} suggerit *Aej*^{pc}, *Burm.*, *Wernsdorf* ‖ 33. lateque
N^{pc}*Hbehjuy* : lacteque *N*^{ac} late *G* ‖ tacet *NHbehjuy* : tacet et *G* ‖
36. genetrix *bu* : -nitris *N* -nitrix *GHehjy* ‖ uitalis et *codd.* : uitalis.
et *interp. Rom.* ‖ 37. accipite *N GHejuy* : -pe *bh* ‖ hos *NHbehjuy* :
hoc *G* ‖ cantus *N G* : calamos *Hbehjuy* ‖ 38. mittite si sentire
datur *Hbejuy* : s.s.d.m. *N G* ‖ datur *N GHbejuy* : dat *h* ‖ 42. fouisti
Hbehjuy : noui- *N G* ‖ 44. anni *N GHbeju*^{2}*y* : animi *hu*[1].

tant, ta disparition ne nous a pas moins coûté de gémissements et de larmes que si la mort jalouse t'avait ravi
à la fleur de l'âge [46], et le sort commun à tous n'a point
arrêté de telles plaintes [47]. Hélas ! Mélibée, tu gis dans
l'immobilité glacée de la mort [48], soumis à l'humaine
50 loi, quand ta vieillesse chenue était digne du ciel [49] et
de l'assemblée des dieux [50]. Ton cœur était plein de pon-
dération et d'équité. Tu débrouillais sans cesse les litiges
des paysans, cherchant patiemment à apaiser leurs
doléances diverses. Sous ton autorité, l'amour de la campagne, sous ton autorité, le respect du droit [51] s'est épa-
55 noui, des bornes ont séparé les champs aux limites dou-
teuses. Aimable était la gravité de ton visage, doux sur
ton front serein était le dessin de ton sourcil [52*], mais
ton cœur était plus doux que tes traits. En m'engageant
à adapter à mes lèvres des roseaux et à les souder avec
de la cire [53*], tu m'as appris à tromper les cruels soucis [54*].
60 Et comme tu ne pouvais souffrir que ma jeunesse se
flétrît dans l'oisiveté, souvent tu offrais à ma muse,
quand elle le méritait, des récompenses non mépri-
sables [55*]. Souvent même, à un âge plus avancé, de peur
que la poésie ne me rebutât, tu jouais avec bonheur un
chant sur ta flûte aux accents dignes de Phoebus.
Adieu, ô bienheureux Mélibée [56*] ! Apollon [57*], protecteur

46. Cf. Stat., *Silu.* 3, 3, 127 : *florentesque manu scidit Atropos annos*.

47. *Causa* est ici l'équivalent de *condicio* ou de *fortuna* : cf. le *Th.L.L.*, III, 3, c. 687. — *Nec tenuit...querelas* : cf. Ov., *Met.* 7, 169 : *nec tenuit lacrimas*. — *Communis causa* : cf. Sil. 13, 529 : *mors communis*.

48. *Iaces mortali frigore segnis* : cf. Lucr. 4, 923-4 : *namque iaceret | aeterno corpus perfusum frigore leti* ; Sen., *Tro.* 805 : *lentus et segnis iaces* ; Val. Fl. 6, 126-7 : *haud segnia mortis | iura pati*.

49. *Caelo dignus canente senecta* : cf. Manil. 1, 345 : *digna Ioue et caelo* ; Virg., *Aen.* 10, 192 : *canentem... senectam*.

50. *Concilioque deum* : cf. Virg., *Georg.* 1, 24-25 : *deorum concilia* ; Ov., *Met.* 14, 812 : *concilio... deorum* ; Stat., *Theb.* 1, 198 : *concilio diuum*.

51. Les deux valeurs exprimées ici par *ruris amor* et *reuerentia iuris* étaient déjà liées chez Cic., *S. Rosc.* 75 : *uita rustica... iustitiae magistra est*. — *Reuerentia iuris* : cf. Luc. 9, 192 : *iusti reuerentia*.

circulus innocuae clauserunt tempora uitae.   45
Nec minus hinc nobis gemitus lacrimaeque fuere
quam si florentes mors inuida carperet annos,
nec tenuit tales communis causa querelas.
Heu, Meliboee, iaces mortali frigore segnis
lege hominum, caelo dignus canente senecta   50
concilioque deum. Plenum tibi ponderis aequi
pectus erat. Tu ruricolum discernere lites
assueras, uarias patiens mulcendo querelas.
Sub te ruris amor, sub te reuerentia iuris
floruit, ambiguos signauit terminus agros.   55
Blanda tibi uultu grauitas et mite serena
fronte supercilium, sed pectus mitius ore.
Tu, calamos aptare labris et iungere cera
hortatus, duras docuisti fallere curas.
Nec segnem passus nobis marcere iuuentam   60
saepe dabas meritae non uilia praemia musae.
Saepe etiam senior, ne nos cantare pigeret,
laetus Phoebea dixisti carmen auena.
Felix o Meliboee, uale ! tibi frondis odorae
munera dat lauros carpens ruralis Apollo ;   65

46. hinc *Hbehjuy* : hic *NG* ‖ 47. quam *GHbehjuy* : qua *N* ‖
carperet *NGAH* : pelle-*bejuy* palle-*h* tolle- *Heins.* ‖ 48. tales
NGbehju²y : -lis *Hu¹* ‖ 49. iaces *NGHbejuy* : taces *h* ‖ mortali
NG : leta- *Hbehjuy* ‖ 50. canente *codd.* : callen- *Baehr.* ‖ 51. concilioque *NGHbehju^{ac}y* : -silioque *u^{pc}* ‖ deum *NGHbehju^{pc}y* :
deus *u^{ac}* ‖ 53. patiens *codd.* : pacans *Maehly*, *Giarrat.* sapiens
coni. Burm. ‖ mulcendo *NHbehjuy* : -cedo *G* ‖ 54. ruris *N²GH*
behjuy : iuris *N¹* ‖ iuris *N^{pc}G^{pc}* : uiris *N* ruris *G^{ac}* *Schenkl* iusti
N²Hbehjuy ‖ 56. blanda *NGHbeju²y* : -do *hu¹* ‖ uultu grauitas
NG^{pc}bhju¹ : uultus grauitas *G^{ac}Heu²* grauitas uultu *y¹* -tas uul-
tuque *y²* ‖ mite *GHbehju^{pc}y* : mitte *N* micte *u^{ac}* ‖ 58. aptare
NHbehjuy : atta- *G* ‖ et iungere *GHu²* : et iungera *N* coniungere
behju¹y ‖ 59. hortatus *NGAH* : ora- *behjuy* ‖ 61. saepe dabas
NGHeju² : sedabas *bhu¹y¹* sed dabas *y²* ‖ meritae *NGHbehju²y*
: -ti *u¹* ‖ 62. cantare *NGH^{pc}behjuy* : -ret *H^{ac}* ‖ 63. carmen
NHbehj^{pc}uy : -mine *G^{ac}j^{ac}* -mina *G^{pc}* ‖ 65. lauros *NGHbejuy* :
-rus *h*.

65 des campagnes, te donne en offrande le feuillage odorant
du laurier qu'il cueille [58] ; les Faunes te donnent, chacun
selon son pouvoir, des grappes qu'ils détachent de la
vigne [59], des tiges de la moisson, des fruits qu'ils cueillent
à toutes sortes d'arbres ; l'ancestrale Palès te donne des
coupes écumantes de lait [60], les Nymphes t'apportent
du miel, Flore te donne des couronnes multicolores [61].
70 Et voici le suprême honneur rendu à tes mânes : les
Muses te donnent des chants [62] ; oui, les Muses te donnent
des chants, et moi, les modulations de ma flûte [63].
Dans la forêt maintenant, le platane, Mélibée, fredonne
ton nom ; le pin aussi [64] ; de ton nom retentissent tous
les chants qu'Echo envoie en réponse à la forêt ; de toi
parlent nos troupeaux [65*]. Oui, car on verra les phoques
75 paître sur la terre ferme [66*] et le lion vêtu de sa fourrure
vivre dans les flots, on verra l'if distiller le miel doux [67*],
on verra, dans la confusion des lois de l'année [68*], l'hiver
désolé récolter la moisson [69*] et l'été l'olive, l'automne
donner les fleurs et le printemps le raisin, avant, Mélibée,
80 que ma flûte taise tes louanges.

58. *Lauros carpens* : cf. Virg., *Buc.* 2, 54 : *et uos, o lauri, car-
pam.*
59. *De uite racemos* : cf. Virg., *Georg.* 4, 269 ; Ov., *Ars*, 3, 703 :
de uite racemis.
60. *Grandaeua Pales* : cf. Virg., *Georg.* 4, 392 : *grandaeuus
Nereus.* — *Spumantia cymbia lacte* : cf. Virg., *Aen.* 3, 66 ; *Buc.*
5, 67 : *pocula nouo spumantia lacte.*
61. Les éditeurs, pour la plupart, ponctuent ainsi ces deux vers :
...pictas dat Flora coronas : / *manibus hic supremus honos. Dant
carmina Musae...*, et comprennent : « Flore t'offre des couronnes
de fleurs : tel est le suprême hommage rendu à tes mânes ». C'est,
me semble-t-il, faire bon marché du sens usuel du pronom *hic*,
qui ne renvoie pas à ce qui précède, mais annonce ce qui suit.
Aussi ai-je ponctué, avec J. C. WERNSDORF : *...Flora coronas.* /
Manibus... honos : dant...
62. Cf. Virg., *Aen.* 5, 308 : *hic... honos* ; *Buc.* 6, 69 : *Hos tibi
dant calamos, en accipe, Musae.*
63. *Carmina... modulamur auena* : cf. Virg., *Buc.* 10, 51 :
carmina... modulabor auena ; Calp. 1, 93 : *teretique sonum module-
mur auena* (cf. aussi 4, 63).
64. Cf. Virg., *Buc.* 1, 38-39 : *ipsae te, Tityre, pinus* / *ipsi te
fontes, ipsa haec arbusta uocabant* (cf. aussi 5, 28 ; 5, 62-4 ; 6, 10-11).

dant Fauni quod quisque ualet, de uite racemos,
de mess*i* culmos omnique ex arbore fruges ;
dat grandaeua Pales spumantia cymbia lacte,
mella ferunt Nymphae, pictas dat Flora coronas.
Manibus hic supremus honor : dant carmina Musae, 70
carmina dant Musae, nos et modulamur auena.
Siluestris te nunc platanus, Meliboee, susurrat,
te pinus ; reboat te quidquid carminis echo
respondet siluae ; te nostra armenta loquuntur.
Namque prius siccis phocae pascentur in aruis 75
uestitusque freto uiuet leo, dulcia mella
sudabunt taxi, confusis legibus anni
messem tristis hiems, aestas tractabit oliuam,
ante dabit flores autumnus, uer dabit uuas,
quam taceat, Meliboee, tuas mea fistula laudes. 80

66. quod *N GHehju* : quot *by* ‖ 67. messi *Maehly* : messe
N GAH campo *behjuy* ‖ 68. dat *N GHbehju* : dant *y* ‖ 69.
mella *N GAHbehju¹y* : mala *u²* ‖ pictas *N GHbehju²y* pietas *u¹* ‖
dat *N GHbejuy* : dant *h* ‖ flora *N GHbhju²y* : -re *eu¹* ‖ 70. hic
N Gbehjuy : hinc *AH* ‖ honor *N G* : honos *Hbehjuy* ‖ 71. nos
et *GH* : nos te *behjuy* nos *N* ‖ 72. siluestris *N²GHehjuy* : siuest-
N¹ siluestrus *b* ‖ te nunc *N G* : nunc te *Hbehjuy* ‖ 73 *om. G* ‖
te *NHbehu* : teque *jy* ‖ pinus *NHbhu* : primis *e* prius *jy* ‖ reboat
codd. : -boant *Baehr., Schenkl* ‖ te *Hbehjuy* : tunc *N* ‖ quidquid
e : quicquid *Hbhjuy* quiquid *N* ‖ 74. respondet *N* : -dent *GHbehjuy,
Wernsdorf, Glaeser* ‖ armenta *codd.* : arbusta *Haupt, Giarrat.* ‖
loquuntur *NGAH* : sequunt- *behjuy* ‖ 75. siccis *N GHbehjy* :
sicas *u* ‖ pascentur *NGH* : nasc- *behjuy* ‖ aruis *N²GHbehjuy* :
herbis *N¹* ‖ 76. uestitusque *N Gbehju¹y* : hirsutus- *Hu²* insuetus-
Heins., Giarrat. ‖ 77. sudabunt *NᵖᶜGHbehjuy* : susab- *Nᵃᶜ* ‖
confusis *NHbehjuy* : -sus *G* ‖ 78 *post* 79 *transt. behjuy* ‖ tractabit
GHbehjuy : -təuit *N* praestabit *Haupt* ‖ oliuam *N G* : -uas *AHbeh
juy* ‖ 79. uer *N GHeu²* : nec *hj¹uy* non *b* ‖ 80. quam *GHbehjuy* :
qua *N*.

TITYRE

Continue, mon enfant, n'abandonne pas la voie de la poésie sur laquelle tu t'es engagé [70]. Car tes accents sont si doux [71] qu'Apollon, apaisé, te fera progresser et que sa faveur propice te conduira jusqu'à la reine des cités [72]. Ici déjà, dans nos forêts, la Renommée qui t'assiste a nivelé pour tes pas une route bienveillante [73],

85 en brisant de ses ailes les nuages de l'envie [74].

Mais déjà le Soleil fait descendre ses chevaux de la cime de l'univers et nous invite à offrir à nos troupeaux l'onde de la rivière [75] ».

---

70. *Coeptum... ne desere carmen* : cf. Calp. 4, 146 : *coeptamque, pater, ne desere pacem* ; Virg., *Buc.* 8, 11-12 : *accipe iussis / carmina coepta tuis* (cf. aussi *Carm. Einsid.* 1, 19).

71. *Sic dulce sonas* : cf. Calp. 4, 9 : *dulce quidem resonas* ; et 4, 150 : *tam dulce canunt.*

72. Cf. Calp. 4, 161 : *Tityron e siluis dominam deduxit in urbem.*

73. Cf. Stat., *Theb.* 12, 812-3 : *praesens tibi Fama benignum / strauit iter.*

74. *Liuoris nubila* : cf. Stat., *Theb.* 12, 818 : *nubila liuor.*

75. Cf. Virg., *Georg.* 3, 335-6 : *tum tenuis dare rursus aquas... / solis ad occasum* ; Calp. 4, 168-9 : *Nunc ad flumen oues deducite : iam fremit aestas, / iam sol contractas pedibus magis admouet umbras.*

Tityrvs

Perge puer, coeptumque tibi ne desere carmen.
Nam sic dulce sonas ut te placatus Apollo
prouehat et felix dominam perducat in urbem.
*I*amque hic in siluis praesens tibi Fama benignum
strauit iter, rumpens liuoris nubila pinnis.   85
Sed iam Sol demittit equos de culmine mundi,
flumineos suadens gregibus praebere liquores ».

81. tityrus $G^{\mathrm{mg}}H^{\mathrm{mg}}e^{\mathrm{mg}}u^{\mathrm{mg}}$: coridon N^{mg} ‖ coeptumque *edd.* : ceptumque $N\,Gu^2$ certumque H coeptum j ceptum *behu*^{1}*y* ‖ ne $N\,G$: iam ne *behj* iam u^1 neu Hu^2 ne iam y ‖ 82. sonas $NHbeh$ *ju*^{pc}*y* : sonans u^{ac} canis G ‖ 83. perducat $N\,GHbehju$: prod- y ‖ in $N\,GHu^2$: ad *behju*^{1}*y* ‖ urbem N^2GH *behjuy* : orbem N^1 ‖ 84. iamque *Heins.* : namque *codd.* ‖ 85. iter $N^{\mathrm{pc}}GHbehjuy$: inter N^{ac} ‖ pinnis *ego* (*ut in Cyn.*) : pennis $N\,G$ plena *Hehu* plene *bjy* ‖ 86. demittit *eh* : dim- $N\,GHbjuy$ ‖ 87. flumineos $N\,GHbhu$: fulm- *e* fluminibus *jy*.

IDAS ALCON

Le jeune Idas et le jeune Alcon [1] brûlaient pour la belle
Donacé [2], et tous deux, dans l'ardeur de leur âge sans
expérience, se lançaient avec un furieux désir à la con-
quête de Donacé [3]. Alors que, dans les vallons d'un
5 domaine [4] voisin, elle cueillait des fleurs et couvrait
son sein de tendre acanthe [5], ils l'assaillirent [6] ensemble,
et, découvrant tous deux les plaisirs de Vénus, pour la
première fois, alors, ils en goûtaient les joies, grâce à un
doux larcin [7]*. S'ensuivirent l'amour, et chez ces enfants,
des souhaits qui n'étaient plus enfantins [8]*, et, malgré
leurs quinze ans, des pensées et des soucis de jeunes
10 gens [9]*. Mais, lorsque ses cruels parents eurent enfermé
Donacé, parce que sa voix n'avait plus un filet aussi
ténu [10]*, et que son timbre grave, sa nuque impudique [11]*,
les fréquentes rougeurs qui l'envahissaient et ses veines
gonflées leur donnaient de l'inquiétude [12]*, alors vraiment ils s'apprêtent à soulager l'ardent bouillonnement
15 de leurs cœurs enflammés [13]* par la mélodie d'une douce

1. *Idas puer et puer Alcon* : cf. Calp. 2, 1 : *puer Astacus et
puer Idas.*
2. Cf. Virg., *Buc.* 2, 1 : *formosum pastor Corydon ardebat
Alexin.*
3. Cf. Hor., *Carm.* 1, 19, 9 : *in me tota ruens Venus* ; Sen.,
Ag. 177 : *ardore sacrae uirginis iam tum furens* ; Manil. 3, 655 :
in Venerem... ruit.
4. On ne peut donner ici à *hortus* son sens restreint de « jardin »,
en raison de la présence dans le vers du mot *uallis*. Il vaut mieux,
avec le *Th.L.L.*, VI, 3, 13, c. 3016, le prendre dans son acception
de : fundus uel praedium speciem horti prae se ferens.
5. *Molli acantho* : cf. Virg., *Buc.* 3, 45.
6. *Inuasere* : cf. Ov., *Met.* 11, 260 : *Peleus inuaserat.*

Idas Alcon

Formosam Donacen Idas puer et puer Alcon
ardebant rudibusque annis incensus uterque
in Donaces uenerem furiosa mente ruebant.
Hanc, cum uicini flores in uallibus horti
carperet et molli gremium compleret acantho   5
inuasere simul uenerisque imbutus uterque
tum primum dulci carpebant gaudia furto.
Hinc amor et pueris iam non puerilia uota,
quis anni ter quinque, et mens et cura iuuentae.
Sed postquam Donacen duri clausere parentes,   10
quod non tam tenui filo de uoce sonaret
sollicitumque foret pinguis sonus, improba ceruix
suffususque rubor crebro uenaeque tumentes,

1. donacen *GHbehu* : -cem *Njy ut semper* ‖ idas puer *N* :
ydas puer *G* puer idas *Hu* puer astacus *behjy* ‖ 2. rudibusque
N GHu² : rudibus *behju¹y* ‖ incensus *N GHbhju¹y* : inten- *eu²* ‖
3. donaces *N GHehjuy* : -ce *b* ‖ furiosa *N G* : -riata *Hbehjuy* ‖
4. uallibus *codd.* : calli- *Schenkl* ‖ horti *Hbe²j* : orti *N Ge¹huy* ‖
5. carperet *N GHbhjuy* : -pere *e* ‖ 6. uenerisque *Hhju* : -rique
bey -ris *N G* ‖ imbutus *N GHbehjy* : ibu- *u* immitis *Ald².* ‖ 7. tum
N Ge : tunc *Hbhjuy* ‖ 8. hinc *NHbehjuy* : hic *G* ‖ non *AHe* :
nunc *N Gbhjuy* ‖ 9. quis *N GᵃᶜHbehjuy* : quibus *Gᵖᶜ* uix *Summers* ‖ anni *codd.* : actaə *Heins.* ‖ et mens *Summers, Giarrat.* :
hiemes *N GHbehjuy* hinc mens *Verdière* ‖ cura *codd.* : cruda
Haupt, Schenkl ‖ iuuentae *NHbehjuy* : iuente *G* iuuenta *Haupt,
Schenkl* ‖ 10. duri *N GHbhjuy* : duci *e* ‖ 11. quod *N GHu* : et
bejy qui *h* ‖ sonaret *N GHbhjuy* : -rent *e* ‖ 12. sollicitumque *codd.* :
-tusque *Vlit.* ‖ pinguis *N GHu²* : linguis *behju¹y, Wernsdorf, G. Stegen (Latomus XXV, 1966, p. 313)* linguae *Vlit., Burm.* ‖ sonus
N GHu² : onus *behju¹y, Wernsdorf, G. Stegen* ‖ ceruix *N Gᵖᶜ
Hbehjuy* : ceruis *Gᵃᶜ* ‖ 13. tumentes *NHbehjuy* : tim- *G*.

complainte [14] ; tous deux égaux pour l'âge et la qualité
de leur chant, ils n'étaient pas inégaux pour la beauté [15] ;
tous deux avaient des joues imberbes et tous deux les
cheveux longs [16]. Et voici les chants que, sous un platane,
pour se consoler de leur triste malheur [17], ils alternent,
Idas avec sa flûte, Alcon avec ses vers [18] :

IDAS

20   « Vous qui habitez les forêts, Dryades, et vous qui habitez les grottes, Napées [19], et vous, Naïades, qui, d'un pied
de marbre, fendez les eaux des rivages [20] et nourrissez
les fleurs écarlates au milieu des gazons, dites-moi dans
quel pré [21], sous quelle ombre d'aventure, je pourrais
trouver Donacé cueillant des lis [22] de ses mains de rose.
25   Car déjà trois soleils [23] successifs ont disparu à mes yeux
depuis que je l'attends dans la grotte où elle venait
d'habitude. Pendant ce temps, comme si, de la sorte,
elles apportaient un soulagement à ma passion ou pouvaient apaiser mon délire [24], depuis trois aurores, mes
30   vaches n'ont point touché un brin d'herbe ni goûté
à l'onde d'une rivière [25*] ; tirant sur les mamelles dessé-

14. *Dulci... querela* : cf. Lucr. 4, 584 : *dulcesque querelas.*

15. Cf. Virg., *Buc.* 7, 4-5 : *ambo florentes aetatibus, ... | et can-
tare pares* ; Calp. 2, 3-4 : *formosus uterque nec impar | uoce sonans.*

16. *Intonsi crinibus ambo* : cf. Tib. 1, 4, 38 : *decet intonsus
crinis utrumque.*

17. *Maesti solacia casus* : cf. Stat., *Theb.* 1, 452 : *maesti cupiens
solacia casus* (cf. aussi *Theb.* 1, 596, et *Ach.* 1, 952 ; Ov., *Pont.*
2, 11, 11).

18. Cf. Virg., *Buc.* 5, 2 : *tu calamos inflare leues, ego dicere
uersus* ; Calp. 2, 25 : *et nunc alternos magis ut distinguere cantus.*

19. Cf. Colum. 10, 264-5 : *choros Dryadum Nymphasque Napaeas |
quae colitis nemus.*

20. Cf. Calp. 2, 14 : *sicco Dryades pede, Naides udo* ; Ov., *Am.* 2,
11, 15 : *litora marmoreis pedibus signate.*

21. *Dicite quo* : cf. Prop. 1, 8, 24, et 3, 1, 5.

22. *Stringentem lilia* : cf. Virg., *Georg.* 2, 368 : *stringe comas.*

23. *Trini... soles* : cf. Virg., *Aen.* 3, 203 : *tris... soles.*

24. Cf. Virg., *Buc.* 10, 60 : *tanquam haec sit nostri medicina
furoris.*

tum uero ardentes flammati pectoris aestus
carminibus dulcique parant releuare querela ;　15
ambo aeuo cantuque pares nec dispare forma,
ambo genas leues, intonsi crinibus ambo.
Atque haec sub platano maesti solacia casus
alternant, Idas calamis et uersibus Alcon :

IDAS

« Quae colitis siluas, Dryades, quaeque antra,　20
                                    [Napaeae,
et quae marmoreo pede, Naides, uda secatis
litora purpureosque alitis per gramina flores,
dicite quo Donacen prato, qua forte sub umbra
inueniam, roseis stringentem lilia palmis ?
Nam mihi iam trini perierunt ordine soles　25
ex quo consueto Donacen exspecto sub antro.
Interea, tanquam nostri solamen amoris
hoc foret aut nostros posset medicare furores,
nulla meae trinis tetigerunt gramina uaccae
luciferis, nullo libarunt amne liquores ;　30

14. flammati *N GHehu* : fammati *b* fama- *y* ‖ pectoris *N GHbhu* :
peco-*e* corpo- *jy* ‖ 15. releuare *N GHbhj in ras. uy* : -uelare *Ae* ‖ 16.
aeuo cantuque *GHbehjuy* : cantu euoque *N* ‖ 17. genas *codd.* : -nis
Ald². ‖ leues *N¹GHbju* : lenes *N²y* leuas *eh* ‖ intonsi *N GHbhjuy* :
-sis *e* ‖ 18. haec sub *Glaeser* : hic sub *N G* hi sub *AH, Baehr.* sub hac
behjuy, Burm. hinc sub *Schenkl* ‖ 20. quaeque *Hbehjuy* : atque *N G* ‖
21. naides *Ugol.* : naydes *N* naiades *GHbehjuy* ‖ uda *NGH*
ehjuy : ulla *b* ‖ 22. gramina *Hbehjuy* : littora *N* litoro *G* ‖ 23. dicite
quo *om. N¹* ‖ donacen prato *G* : -cem prato *H* -cen pto *N¹* prato
donacen *N²bju* -to donacem *eh* pacto donacem *y* ‖ 24. palmis
N GHbehjuy² : plantis *y¹* ‖ 25. mihi *N GHu²* : me *behju¹y* ‖ perierunt *N GHu²* : petierunt *behu¹* pellerunt *y¹* pulerunt *y²* ‖ 26. antro
NHbehjuy : ambro *G* ‖ 27. tanquam nostri *NHbehjuy* : nostri
tanquam *G* ‖ 28. hoc *NHbehju* : hic *G* haec *y* ‖ nostros *N G,*
om. cett. ‖ *post* posset *add.* rapidos *N²bhju¹y* rabidos *Heu²* ‖ 29. trinis *NHbehjuy* : ternis *G* ‖ 30. nullo *N Gbhu* : nullos *jy* nulloque
AHe ‖ libarunt *edd.* a *Glaeser.* : libar *N* sudarunt *Gᵖᶜ* sura- *Gᵃᶜ*
bibe- *AHe* lambe- *bhjuy.*

chées de leurs mères, les veaux restent debout et rem-
plissent les airs de pauvres gémissements [26]. Quant
à moi, je n'ai pas confectionné les corbeilles de jonc
souple et d'osier flexible [27] qui servent à presser le lait [28].
35   A quoi bon te rappeler ce que tu sais bien ? Tu sais
que j'ai mille génisses, tu sais que jamais mes jarres ne
sont vides [29]. Je suis celui, Donacé, à qui souvent tu
as donné de doux baisers et que tu n'hésitais point à
interrompre au milieu de ses chants pour chercher ses
lèvres tandis qu'elles erraient sur la flûte [30]. Hélas !
40   hélas ! tu n'as donc nul souci de ma vie [31] ? Plus pâle
que le buis, à la giroflée [32*] tout semblable, je vagabonde.
Voici que j'ai horreur de tous les mets et des coupes
de notre Bacchus [33*], et que j'oublie de céder à la paix
du sommeil. Sans toi, hélas ! pour le malheureux que je
suis, les lis paraissent noirs [34*], pâles les roses et l'hyacin-
45   the [35*] perd la douce nuance de son rouge ; ni le myrte,
ni le laurier n'exhalent de parfum. Pourtant, si tu viens,
les lis prendront leur blancheur éclatante [36*], les roses
leur écarlate [37*] et l'hyacinthe la douce nuance de son
rouge ; alors, pour moi, le myrte et le laurier exhaleront
leur parfum [38*]. Car, aussi longtemps que Pallas aime [39*]
50   les baies qui se gonflent d'huile [40*], Bacchus les vignes,

---

26. *Teneris mugitibus aera complent* : cf. Virg., *Buc.* 6, 48 :
Proetides implerunt falsis mugitibus agros (cf. aussi Ov., *Met.* 7,
114 : *locum mugitibus impleuerunt*).

27. Cf. Virg., *Buc.* 2, 72, et *Georg.* 4, 34 ; Calp. 3, 68-69 ; Ov.,
Fast. 4, 435.

28. Cf. Calp. 2, 77 : *calathos nutanti lacte coactos.*

29. Surenchère maladroite — Idas n'a que quinze ans — sur
Virg., *Buc.* 2, 20-22 : *Mille meae Siculis errant in montibus agnae ;
/ lac mihi non aestate nouum, non frigore defit* ; et Calp. 3, 65-66 :
*Quid tibi, quae nosti, referam ? scis, optima Phylli, / quam nume-
rosa meis siccetur bucula mulctris.*

30. Cf. Calp. 3, 55-8 : *Ille ego sum Lycidas, quo te cantante
solebas / dicere felicem, cui dulcia saepe dedisti / oscula nec medios
dubitasti rumpere cantus / atque inter calamos errantia labra petisti.*

31. Cf. Virg., *Buc.* 2, 6 : *nihil mea carmina curas* (cf. aussi
Aen. 12, 932-3 ; Ov., *Epist.* 8, 15).

siccaque fetarum lambentes ubera matrum
stant uituli et teneris mugitibus aera complent.
Ipse ego nec iunco molli nec uimine lento
perfeci calathos cogendi lactis in usus.
Quid tibi quae nosti referam ? Scis mille iuuencas   35
esse mihi, nosti nunquam mea mulctra uacare.
Ille ego sum, Donace, cui dulcia saepe dedisti
oscula nec medios dubitasti rumpere cantus
atque inter calamos errantia labra petisti.
Heu heu ! nulla meae tangit te cura salutis ?   40
Pallidior buxo uiolaeque simillimus erro.
Omnes ecce cibos et nostri pocula Bacchi
horreo nec placido memini concedere somno.
Te sine, uae, misero mihi lilia fusca uidentur
pallentesque rosae nec dulce rubens hyacinthus,   45
nullos nec myrtus nec laurus spirat odores.
At, si tu uenias, et candida lilia fient
purpureaeque rosae et dulce rubens hyacinthus ;
tunc mihi cum myrto laurus spirabit odores.
Nam dum Pallas amat turgentes unguine bacas,   50

31. lambentes *GHbehuy* : laben- *Nj* ‖ 32. aera *NHbehjy* : aerea *u¹* aeria *u²* ethera *G* ‖ 33. iunco molli *N G* : molli iunco *Hbehjuy* ‖ uimine *NHbehjuy* : uigmi- *G ut semper* ‖ 34. lactis *N GHbhjuy* : lectus *e* ‖ 35. nosti *N GHbhjuy* : nostri *e* ‖ 36. mulctra *Hehju²* : mulcra *Nb* multra *Gu¹y* ‖ 37. ille *N^{ac}GH* : idas ille *N^{pc}behjuy* ‖ donace *N GHehuy* : -cen *bj* ‖ cui dulcia *GAH* : dulcia cui *Nu²* cui *behju¹y* ‖ 40. heu heu *GAehu²* : heu *N* en heu *Hbu¹* en ego *jy* ‖ tangit te *N GHj* : te tangit *behuy* ‖ cura *N GHeu²* : causa *bhju¹y* ‖ 41. uiolaeque *N GAHbejy* : -lisque *hu* ‖ erro *N GHbehju¹y* : horti *A* atre *u²* ‖ 42. nostri *N GHbeh^{pc}juy* : nostra *j^{ac}* noti *Heins.* ‖ bacchi *Hbehjuy* : uini *N G* ‖ 43. somno *Hbehjuy* : sompno *G* sono *N* ‖ 44. fusca *N GA* : nigra *Hbehjuy* ‖ 45. rubens *Hbehjuy* : -bensque *N GA* ‖ 46 *om. by, et* 49 *suppl. y* ‖ 47 *om. b* ‖ at *N GHejuy* : aut *h* ‖ si tu *N G²H* : tu si *ehjuy* si *G¹* ‖ et *codd.* : tunc *Schenkl* ‖ 48 *om.b* ‖ purpureaeque *GHehjuy* : -resque *N¹* -reesque *N²* ‖ et *Hhu* : tunc *N* tum *Ae* ac *jy om. G* ‖ rubens *Hehjuy* : -bensque *N G* ‖ 49 *post* 45 *transt. G* ‖ tunc *N GHbhjuy* : tum *e* ‖ spirabit *NHbehjuy* : -bat *G* ‖ 50. dum *N²Hbehjuy* : cum *N¹G* ‖ amat *N Gbehju^{ac}y* : amet *Hu^{pc}* ‖ unguine *N¹GAH* : san- *N²behjuy*.

Déo [41] les moissons, Priape les fruits et Palès les pâturages abondants [42], aussi longtemps Idas te chérit, toi
seule ».

Voilà ce que chantait Idas sur sa flûte. Toi, Phoebus,
rapporte la réplique en vers d'Alcon [43] : la poésie toute
d'or [44] appartient à Phoebus.

ALCON

55 « O Palès, reine des monts, ô Apollon [45], qui protèges
    les bergers, et toi, Silvain, maître des forêts [46], et toi,
    notre Dioné [47], qui règnes sur les cimes de l'Eryx [48*],
    toi qui veilles à nouer, au long des âges, les mariages
    des êtres humains [49*], quel châtiment ai-je mérité [50*] ?
    Pourquoi la belle Donacé m'a-t-elle abandonné ? Oui,
60 car je lui ai offert des présents [51*] que notre Idas ne lui
    a point offerts, un rossignol musicien [52*] qui lance des
    trilles prolongés ; bien que parfois, quand s'ouvrent les
    petites portes de sa prison en osier tressé [53*], il ait appris
    à s'élancer comme s'il était libre et à se mêler aux vols
    des oiseaux des champs [54*], il sait revenir au logis, se
65 glisser sous son toit [55*], et préférer son réduit d'osier
    à des forêts entières [56*]. De plus, récemment, je lui ai
    envoyé un jeune lièvre et un couple de palombes, ces
    dons des forêts que je pouvais lui offrir [57*]. Et après ces

41. Δήω ou Δημήτηρ chez les Grecs, Cérès chez les Romains,
déesse des récoltes.

42. *Pascua laeta* : cf. Ov., *Fast.* 4, 476.

43. Cf. Virg., *Buc.* 8, 62-3 : *Haec Damon ; uos quae responderit
Alphesiboeus, | dicite, Pierides.*

44. *Aurea carmina* : cf. Lucr. 3, 12 : *aurea dicta.*

45. *Pales... Apollo* : cf. Virg., *Buc.* 5, 35, et Calp. 7, 22 : *Pales...
Apollo.*

46. *Nemorum Siluane potens* : cf. Luc. 3, 402-3 : *nemorumque
potentes | Siluani.*

47. Διώνη, mère d'Aphrodite, et par extension Aphrodite elle-
même.

dum Bacchus uites, Deo sata, poma Priapus,
pascua laeta Pales, Idas te diligit unam ».
Haec Idas calamis. Tu, quae responderit Alcon
uersu, Phoebe, refer : sunt aurea carmina Phoebo.

ALCON

« O montana Pales, o pastoralis Apollo,   55
et nemorum Siluane potens, et nostra Dione,
quae iuga celsa tenes Erycis, cui cura iugales
concubitus hominum totis conectere saeclis,
quid merui ? Cur me Donace formosa reliquit ?
Munera namque dedi noster quae non dedit Idas,   60
uocalem longos quae ducit aedona cantus ;
quae, licet interdum, contexto uimine clausa,
cum paruae patuere fores, ceu libera ferri
norit et agrestes inter uolitare uolucres,
scit rursus remeare domum tectumque subire   65
uiminis et caueam totis praeponere siluis.
Praeterea tenerum leporem geminasque palumbes
nuper, quae potui siluarum praemia, misi.

---

51. uites Deo *edd. a Glaeser.* : uites deus *H* uites deus et *behjuy,*
Burm. uuas cl's et *N* deus uuas et *G* ‖ 52. diligit *N Gjy* : -get *Hbehu* ‖
53. haec *GHbehjuy* : hic *N* ‖ tu quae *GHbeju²* : tuque *N* tum
quae *y* tum que *hu¹* ‖ responderit *GHbehjuy* : -dis *N* ‖ 54. aurea
codd. : curae *Haupt, Giarrat., Duff* ‖ 55. pastoralis *NHbehjuy* :
pasta- *G* ‖ 56. dione *N GHbejuy* : diane *h* ‖ 57. cui *N GHbhjuy* :
quae *e* ‖ cura *N GHbejuy* : rura *h* ‖ 58. conectere *bu* : connecte-
Hehjy connette- *G* connectare *N* ‖ saeclis *Gbejuy* : seclis *H* sedis
Nh ‖ 59. donace *GHbehjuy* : -cē *Nᵖᶜ* danacē *Nᵃᶜ* ‖ reliquit *N Gᵖᶜ*
Hbejy : -liquid *Gᵃᶜ* -linquit *hu* ‖ 60. quae *N GHbejuy* : quem *h* ‖
61. ducit *N GHbhjuy* : non ducit *e* ‖ aedona *GHbehjuy* : addo-
N ‖ 62. contexto *Hbehjuy* : -texo *N* -testo *G* ‖ clausa *codd.* :
-sae *Haupt* ‖ 63. fores *N GHbehjy* : fontes *u* ‖ 64. norit *edd. a*
Wernsdorf. : nouit *codd.* ‖ agrestes *NHbehjuy* : agres *G* ‖ 65. rursus *N GHbhjuy* : risus *e* ‖ 67. geminasque *N GHbeju²y* : -nosque
hu¹.

cadeaux, Donacé, tu méprises mes amours [58] ? Peut-être
considères-tu qu'en me consumant pour toi, je t'offense
70 moi, Alcon, le rustre [59], qui au matin conduis les bœufs
au pâturage ! Des dieux ont bien fait paître des troupeaux de moutons [60], le bel Apollon, le docte Pan [61],
les Faunes prophètes [62] et le bel Adonis [63]. Mieux encore,
dans le miroir d'une source, un matin, je me suis étudié [64],
75 avant que Phoebus ne lançât ses rayons écarlates et que
sa lumière tremblante ne brillât à la surface de l'onde
limpide [65] : à ce que j'ai vu, nul duvet ne recouvre mes
joues [66] et ma chevelure est opulente [67*] ; on me dit plus
beau que notre ami Idas, et c'est bien ce que tu me jurais
80 d'habitude [68*], en louant mes joues écarlates, la blancheur
laiteuse de mon cou [69*], mes yeux rieurs [70*] et la beauté
de mon âge pubère. Et je ne suis pas sans expérience
des chalumeaux : je joue de la flûte dont les dieux ont
joué autrefois, et dont Tityre a tiré les doux accents
qui l'ont conduit des forêts à la reine des cités [71*]. Mes
85 chants eux aussi, grâce à toi, Donacé, retentiront pour
elle [72*], pour peu qu'il soit permis aux viornes d'élever
leur frondaison parmi les cônes des cyprès et au coudrier
la sienne parmi les pins [73*] ».

58. Cf. Calp. 3, 9 : *Phyllis amatque nouum post tot mea munera Mopsum.*

59. *Rusticus* : cf. Virg., *Buc.* 2, 56, et Calp. 2, 61.

60. *Greges pecorum* : cf. Ov., *Met.* 11, 276. — Némésien paraît oublier que, dans la légende, Apollon était le bouvier d'Admète, le roi de Phères en Thessalie, et non son berger.

61. Il faut probablement sous-entendre, comme complément de *doctus, calamis et uersu*. Cf. *infra, Buc.* 3, 2.

62. Démons champêtres et forestiers, issus de l'ancien dieu Faune. Sur le don prophétique de ce dernier, cf., par exemple, Calpurnius, 1, 34.

63. *Pulcher Adonis* : cf. Virg., *Buc.* 10, 18 : *et formosus oues ad flumina pauit Adonis* (cf. aussi Sen., *Oed.* 815 ; Tib. 2, 3, 11).

64. Cf. Virg., *Buc.* 2, 25 : *nuper me in litore uidi* ; Calp. 2, 88 : *fontibus in liquidis quotiens me conspicor* ; Ov., *Met.* 13, 840-1 : *Certe ego me noui liquidaeque in imagine uidi / nuper aquae placuitque mihi mea forma uidenti.*

65. Cf. Tib. 3, 7, 123 : *splendidior liquidis cum sol caput extulit undis.*

66. *Nulla tegimur lanugine malas* : cf. Ov., *Met.* 9, 398 : *tegens lanugine malas* (cf. aussi Ov., *Met.* 12, 291, et Virg., *Aen.* 10, 324).

Et post haec, Donace, nostros contemnis amores ?
Forsitan indignum ducis quod rusticus Alcon   70
te peream, qui mane boues in pascua duco !
Di pecorum pauere greges, formosus Apollo,
Pan doctus, Fauni uates et pulcher Adonis.
Quin etiam fontis speculo me mane notaui,
nondum purpureos Phoebus cum tolleret ortus   75
nec tremulum liquidis lumen splenderet in undis :
quod uidi, nulla tegimur lanugine malas,
pascimus et crinem ; nostro formosior Ida
dicor, et hoc ipsum mihi tu iurare solebas,
purpureas laudando genas et lactea colla   80
atque hilares oculos et formam puberis aeui.
Nec sumus indocti calamis : cantamus auena
qua diui cecinere prius, qua dulce locutus
Tityrus e siluis dominam peruenit in urbem.
Nos quoque te propter, Donace, cantabimus urbi   85
si modo coniferas inter uiburna cupressos
atque inter pinus corylum frondescere fas est ».

69. haec *NGHbehju* : hoc *y* ‖ 70. quod *NHbehjuy* : quia *G* ‖
alcon *NGHehju* : alce *by* ‖ 71. peream *NG* : cupiam *Hbehjuy* ‖
duco *G* : ducam *Hbehjuy* ducas *N* ‖ 72. pecorum *GHbehjuy* :
precor *N* ‖ pauere *NGHbhjuy* : -uete *e* ‖ 73. fauni uates *Hbehjuy* :
uates fauni *NG*ᵃᶜ uates faunique *G*ᵖᶜ ‖ adonis *NHbehjuy* : apollo
G ‖ 74. etiam *NHbehjuy* : omnes *G* ‖ 75. cum *Hbhjuy* : dum *NG*
tum *e* ‖ ortus *NGHbhjuy* : orbes *e, Glaeser, Keene* ‖ 76. tremulum
*NG*ᵖᶜ*Hbehjuy* : tenerum *G*ᵃᶜ ‖ liquidis *NHbehjuy* : -quilis *G* ‖
lumen splenderet *NG* : splenderet lumen *Hbhjuy* splenderet
lumine *e, Ven.* ‖ 77. lanugine *GHbehjuy* : perlanguine *N* ‖ malas
*NGHejuy*ᵖᶜ : mallas *y*ᵃᶜ mala *bh* ‖ 78. pascimus *NGh* : -mur
Hbejuy ‖ crinem *NGHhju²y* : crimen *beu*¹ ‖ formosior *GHbehjuy* :
-mosice *N* ‖ 79. iurare *NGAH* : narra- *behjuy* ‖ 80. colla *GHbehjuy* :
collo *N* ‖ 81 *om. N*¹, *add. N*²ᵐᵍ ‖ formam *GHbehjuy* : forma *N*² ‖
82. indocti *GHbehjuy* : -tis *N* ‖ auena *NGbejy* : -nae *H* -ne *hu* ‖
83 *om. behjuy, add. A uel u*² ‖ *pr.* qua *NGH* : qui *A* ‖ 84. e *NAH*
*behju*ᵖᶜ*y* : et *G* est *u*ᵃᶜ ‖ in *NGAH* : ad *behjuy* ‖ 85. donace *GH*
behjuy : -cē *N* ‖ cantabimus *NGHbehuy* : -mur *j, edd.* ‖ 86. coniferas *NGHju* : corni- *bhy* con- *e* ‖ cupressos *NHbehjuy* : -pressas *G* ‖
87. atque *codd.* : at *Ugol.* ‖ pinus *GH* : pinos *Nbehjuy*.

Ainsi [74] les jouvenceaux, le jour durant, chantaient
Donacé, jusqu'au moment où la fraîcheur d'Hesperus
les invita à descendre des forêts et à mener aux étables
90 les taureaux repus.

74. Cf. Virg., *Buc.* 6, 85-86.

Sic pueri Donacen toto sub sole canebant,
frigidus e siluis donec descendere suasit
Hesperus et stabulis pastos inducere tauros. 90

88. canebant *N GHbhjuy* : cade- *e* ‖ 89. descendere *Nbehju*[ac] :
disced- *GHu*[Dc]*y*, *Glaeser, Keene* deced-*Baehr.* ‖ suasit *NHbehjuy* :
suauit *G* ‖ 90. inducere *N GHbehuy* : include- *j*.

———

PAN

Nyctilus et Micon, en compagnie du bel Amyntas,
s'abritaient, sous l'ample frondaison d'une yeuse, des
rayons brûlants du soleil [1], alors que Pan, épuisé par
la chasse [2], venait de se coucher sous un orme pour refaire
5 en dormant ses forces épuisées [3]. Au-dessus de lui, sa
flûte était pendue à une branche ronde [4]. Les garçons,
comme s'ils avaient le droit, pour chanter, de saisir
cette proie [5], et comme s'il était permis de se servir
des chalumeaux des dieux [6], s'en emparent subrepti-
cement [7*]. La flûte, cependant, ne veut ni faire entendre,
à son accoutumée, des sons harmonieux, ni tisser un
10 chant, mais, en fait de mélodie, ne rend que des
sifflements fâcheusement discordants [8*], lorsque Pan,
qu'éveille en sursaut le vacarme grinçant de la flûte [9*],
voit aussitôt ce qui se passe : « Garçons, si vous réclamez
un chant [10*], dit-il, je vais le chanter moi-même. Per-
sonne n'a le droit de souffler dans les roseaux [11*] que,
de ma main, j'assemble avec de la cire dans les grottes
du Ménale [12*]. Et tout de suite, Dieu du pressoir, je vais
15 dévider, dans l'ordre, le thème de ta naissance et celui

1. Cf. Calp. 5, 2 : *torrentem patula uitabant ilice solem.*
2. Cf. Virg., *Georg.* 4, 190 : *fessosque sopor suos occupat artus.*
3. *Sumere uires* : cf. Hor., *Epist.* 1, 18, 85 (cf. aussi Prop. 2, 10, 11).
4. Cf. Virg., *Buc.* 7, 24 : *Hic arguta sacra pendebit fistula pinu.*
5. L'expression *praedam pro carmine sumere* est obscure, au point que quelques éditeurs ont préféré *praedem*, « un gage ». Mais les bergers ne se contentent pas de prendre la flûte pour obtenir de Pan qu'il joue, ils tentent eux-mêmes de jouer. D'autre part, *praedam sumere* est fréquent chez Némésien (cf. *Cyn.* 50 et 184). Il faut, je crois, comprendre que les garçons, en raison du chant qu'ils se croient capables d'exécuter (*pro carmine*), estiment avoir le droit de prendre la flûte et de s'en servir.
6. *Tractare deorum* : cf. Gratt. 27.

PAN

Nyctilus atque Micon nec non et pulcher Amyntas
torrentem patula uitabant ilice solem,
cum Pan uenatu fessus recubare sub ulmo
coeperat et somno lassatas sumere uires ;
quem super ex tereti pendebat fistula ramo.   5
Hanc pueri, tanquam praedam pro carmine possent
sumere fasque esset calamos tractare deorum
inuadunt furto. Sed nec resonare canorem
fistula quem suerat nec uult contexere carmen
sed pro carminibus male dissona sibila reddit,   10
cum Pan excussus sonitu stridentis auenae
iamque uidens : « Pueri, si carmina poscitis, inquit,
ipse canam. Nulli fas est inflare cicutas
quas ego Maenaliis cera coniungo sub antris.
Iamque ortus, Lenaee, tuos et semina uitis   15

---

1. nyctilus *GHbehjuy* : nitulus *N* ‖ amyntas *NHbehjuy* : aminc-
thas *G* ‖ 2. patula *NHbehjuy* : -lam *G* ‖ solem *N G*^{pc}*Hbehjuy* :
sonum solem *G*^{ac} ‖ 3. uenatu *N GHbhjuy* : -ta *e* ‖ 4. coeperat
Heju : cepe- *N Ghy* cepat *b* ‖ lassatas *Nbhju*^{1}*y* : -tus *Heu*^{2}, *Duff*
laxatas *G* ‖ 5. ex *G* : et *beu* e *Hhjy*, *om. N* ‖ tereti *GHbehjy* :
teriti *N*^{2}*u*, *om. N*^{1} ‖ pendebat *GHbehjuy* : pente- *N* ‖ 6. hanc
pueri tanquam *N*^{2}*Hbehjuy* : h *N*^{1}, *spatio relicto, om. G, spatio
relicto* ‖ praedam *codd.* : -dem *Titius* ‖ 7 *post* 8 *transt. b* ‖ sumere
fasque *Hbehjuy* : sumersasque *G* s *N*^{1}, *spatio relicto in quo* inueres
add. N^2 ‖ 8. inuadunt *N*^{2}*GHbehjuy* : -det *N*^{1} ‖ 9. suerat *N GHbjy* :
fuerat *eh* sueuit *u*, *Glaeser, Keene* ‖ 10. male *N GHju*^{2} : mala
behu^1*y* ‖ dissona sibila *N GHbjuy* : -na sibilia *h* sibila dissona
e ‖ 11. cum *N G* : tum *Hbehu* tunc *jy* ‖ 15 *om.e.*

des origines de la vigne : je dois un chant à Bacchus ».
Ayant ainsi parlé, Pan, qui erre dans les montagnes [13],
préluda ainsi sur ses chalumeaux :

« Je te chante [14], toi qui sur ton front enroules des guir-
landes où s'entrelacent le lierre aux lourds corymbes [15]
et le pampre de la vigne, toi qui conduis les tigres avec
un sarment humide de sève [16], tandis que ta chevelure
20 parfumée [17] flotte sur ton cou, toi, le vrai fils de Jupiter.
Car, lorsque, seule mortelle après les astres du ciel [18],
Sémélé [19] eut vu Jupiter lui découvrir le visage de Jupiter [20]*, le Père tout puissant, prévoyant l'avenir [21]*, porta
l'enfant jusqu'au terme et le mit au monde au temps
exact fixé pour sa naissance. Cet enfant, les Nymphes, les
25 Faunes âgés, les Satyres effrontés et moi encore, nous
le nourrissons, à Nysa [22]*, dans une grotte de verdure.
Le vieillard Silène, aussi, tantôt réchauffe sur son sein [23]*
le tendre nourrisson, tantôt le porte dans ses bras repliés,
tantôt le fait rire avec son doigt ou l'endort en le berçant,
30 tantôt secoue pour lui une crécelle de ses mains trem-
blantes. Le dieu, qui lui sourit, tire sur les poils dont sa
poitrine se hérisse, ou de ses doigts s'agrippe à ses oreilles

---

13. *Montiuagus Pan* : cf. Sen., *Phaedr.* 784 : *Panes...montiuagi.*

14. *Te cano* : cf. Virg., *Georg.* 2, 2 : *Nunc te, Bacche, canam*
(cf. aussi Colum. 10, 429-430).

15. Grappes du lierre (cf. Virg., *Buc.* 3, 38-39), l'un des ornements conventionnels de la couronne de Bacchus.

16. Cf. Virg., *Buc.* 3, 38-39 : *superaddita uitis | diffusos hede-
ra uestit pallente corymbos* (cf. aussi Ov., *Met.* 3, 665 : *grauidis...
corymbis* ; Calp. 4, 56 : *Baccheis... corymbis* ; Tib. 1, 7, 45 : *frons
redimita corymbis*). — *Vdo palmite tigres* : cf. Stat., *Theb.* 4,
658 : *uda mero lambunt retinacula tigres.*

17. *Odoratis... capillis* : cf. Hor., *Carm.* 2, 11, 15 : *odorati capil-
los* ; 3, 20, 14 : *odoratis... capillis.*

18. *Vera Iouis proles* : cf. Virg., *Aen.* 8, 301 (cf. aussi Sil. 4,
476). — *Sidera caeli* : cf. Virg., *Georg.* 2, 1 ; *Aen.* 1, 259.

19. Sémélé eût mis au monde elle-même le fruit de ses amours
avec Zeus si Junon, jalouse, ne lui avait suggéré de demander
à son amant divin de lui apparaître dans toute sa gloire. Zeus,
qui lui avait imprudemment promis de lui accorder ce qu'elle
voudrait, dut à regret la satisfaire. Sémélé mourut aussitôt
foudroyée et Zeus s'empressa d'arracher l'enfant qu'elle portait
dans son sein et qui n'était qu'au sixième mois. Il le cousit dans sa
cuisse, et, lorsque le terme vint, il l'en sortit, parfaitement vivant.

ordine detexam : debemus carmina Baccho ».
Haec fatus coepit calamis sic montiuagus Pan :
« Te cano, qui grauidis hederata fronte corymbis
uitea serta plicas quique udo palmite tigres
ducis odoratis perfusus colla capillis,   20
uera Iouis proles. Nam cum post sidera caeli
sola Iouem Semele uidit Iouis ora professum,
hunc pater omnipotens, uenturi prouidus aeui,
pertulit et iusto produxit tempore partus.
Hunc Nymphae Faunique senes Satyrique procaces 25
nosque etiam Nysae uiridi nutrimus in antro.
Quin et Silenus paruum ueteranus alumnum
aut gremio fouet aut resupinis sustinet ulnis,
euocat aut risum digito motu*ue* quietem
allicit aut tremulis quassat crepitacula palmis.   30
Cui deus arridens horrentes pectore saetas
uellicat aut digitis aures astringit acutas

16. *uersum* 2, 81, *in quo* puberius *scripsit, post* 16 *transt.* N ‖
17. haec *GHeu*² : hoc *Nbhju*¹*y, Glaeser, Keene* ‖ fatus coepit
Hejuy : fatus cepit *bh* cepit fatus *NG* ‖ 18. grauidis *GHbehjuy* :
-dus *N* ‖ fronte *NGHbhu*ᵖᶜ*y* : -de *eju*ᵃᶜ ‖ 19. uitea *NGHbehu* :
uittea *j* uitrea *y* ‖ plicas *GHbehjuy* : -cans *N* ‖ quique udo
NGAH : qui quando *behjuy* qui comptas *Burm., Wernsdorf* ‖
20. odoratis *NGHu*² : -to *behju*¹*y* ‖ capillis *NGHu*² : -llo *behju*¹*y* ‖
21. nam *Baehr.* : iam *NGHbehjy* et iam *u* ‖ cum *Baehr.* : tunc
NGHbhju tum *y* tamen *e* ‖ sidera *codd.* : fulmina *Ascens.* ‖
22. semele *GHbehjuy* : semel *N* ‖ 24. pertulit *NGH* : prot- *behjuy* ‖
iusto *Hbehjuy* : iusso *N* uiso *G* ‖ 25 *om. bejy, post* 26 *transt. Ugol.* ‖
senes *NGHu* : senex *h* ‖ 26. nosque *NGbhu*²*y* : uosque *Hj* uos
Ae, Wernsdorf, Beck ‖ etiam *NGHbhju*²*y* : etiam et *Ae* ‖ nysae
NGAH : nymphae *behju*²*y* ‖ nutrimus *NGu*² : -imur *bhy* -istis
AHej in ras., Wernsdorf, Beck -iuimus *Castigl.* ‖ in *del. Castigl.* ‖
27. et *NGHbhjy* : etiam *eu* ‖ ueteranus *Schubert, Giarrat.* :
ueneratus *codd., Burm., Wernsdorf* ‖ 28. resupinis *NGHbu*¹ :
-nus *ehju*²*y* ‖ 29. euocat aut *N*ᵖᶜ*GH*ᵖᶜ*mg* : aut euocat *N*ᵃᶜ aut
uocat ad *H*ᵃᶜ et uocat ad *behjuy* ‖ motuue *Baehr.* : -tuque *codd.*
-tumque *Glaeser* ‖ 30 *om. behjuy, add. A* ‖ 32. aut *NG*ᵖᶜ*Hbehjuy* :
aut st *G*ᵃᶜ ‖ astringit *GHbehjuy* : affrin- *N* ‖ acutas *NGHbejuy* :
-tis *h.*

pointues [24], tantôt donne des tapes [25] sur sa tête aux cornes tronquées ou sur son menton court et de son pouce écrase son nez camard [26]. Pendant ce temps,
35 l'enfant se fleurit du duvet de l'adolescence et sur ses tempes blondes, en signe de maturité, ont sailli des cornes[27]. Alors, pour la première fois, le pampre déploie des grappes abondantes [28] : les Satyres regardent avec étonnement le feuillage et les fruits du Libérateur [29]. Alors le dieu leur dit : « O Satyres, cueillez les fruits mûrs, et ce raisin
40 qui vous est inconnu, soyez les premiers à le fouler [30] ». A peine avait-il prononcé ces paroles qu'ils détachent les grappes de la vigne [31], les emportent dans des corbeilles et s'empressent de les écraser de leurs pieds nerveux [32] sur des roches creuses : la vendange bouillonne [33] au sommet des collines, le raisin éclate sous les pieds
45 nombreux [34] et les poitrines rougissent sous les éclaboussures du moût écarlate [35]. Alors, dans la troupe lascive des Satyres [36], chacun s'empare, en guise de coupe, de ce qu'il trouve : ce que le hasard leur présente [37]*, ils le saisissent pour s'en servir. Celui-ci retient un canthare, l'autre boit dans une corne recourbée, celui-là creuse ses mains en conque et de ses paumes se fait
50 une coupe [38]*, tandis que, penché en avant, un autre

24. *Aures... acutas* : cf. Calp. 4, 12-13 : *acutis / auribus.*
25. *Applauditue manu* : cf. Ov., *Ars*, 1, 148 : *plaude... manu.*
26. *Tenero... pollice* : cf. Ov., *Am.* 1, 4, 22 : *tenero pollice.* — *Simas... nares* : cf. Ov., *Met.* 14, 95 : *naresque... resimas.*
27. *Flauaque... tumuerint tempora cornu* : cf. Val. Fl. 2, 275 : *niuea tumeant ut cornua mitra.*
28. *Pampinus uuas* : cf. Virg., *Georg.* 1, 448 (cf. aussi *Dirae*, 1, 12).
29. Du grec Λυαῖος (de λύω : délier) : « le dieu qui libère des soucis », un des noms de Bacchus.
30. *Calcate racemos* : cf. Calp. 4, 124 : *ruptas saliat calcator in uuas.*
31. *Vitibus uuas* : cf. Tib. 1, 5, 27 : *uitibus uuam* ; Ov., *Met.* 8, 676, et Mart. 1, 43, 3 : *uitibus uuae.*
32. *Portant calathis* : cf. Virg., *Georg.* 3, 402 : *exportant calathis.* — *Celeri... planta* : cf. Sen., *Phaedr.* 3.
33. *Vindemia feruet* : cf. Virg., *Georg.* 2, 6 : *spumat plenis uindemia labris.*
34. Cf. Calp. 4, 124 : *ut nudus ruptas saliat calcator in uuas.*
35. Cf. Prop. 3, 17, 17 : *purpureo tumeant mihi dolia musto.*
36. *Satyri, lasciua cohors* : cf. Colum. 10, 427 : *lasciuos Satyros.*

applauditue manu mutilum caput aut breue mentum
et simas tenero collidit pollice nares.
Interea pueri florescit pube iuuentus 35
flauaque maturo tumuerunt tempora cornu.
Tum primum laetas ostendit pampinus uuas :
mirantur Satyri frondes et poma Lyaei.
Tum deus « O Satyri, maturos carpite fetus,
dixit, et ignotos primi calcate racemos ». 40
Vix haec ediderat, decerpunt uitibus uuas
et portant calathis celerique elidere planta
concaua saxa super properant : uindemia feruet
collibus in summis, crebro pede rumpitur uua
rubraque purpureo sparguntur pectora musto. 45
Tum Satyri, lasciua cohors, sibi pocula quisque
obuia corripiunt : quae fors dedit, arripit usus.
Cantharon hic retinet, cornu bibit alter adunco,
concauat ille manus palmasque in pocula uertit,
pronus at ille lacu bibit et crepitantibus haurit 50

33. applauditue *Hbehj^{2}y* : -ditbe *j^1* aut plauditue *N G* applau-
ditque *u* ‖ mutilum *N GHehjuy* : mutu- *b* ‖ breue *N GHbhu* :
leue *Aejy* ‖ mentum *NHbehjuy* : metum *G* ‖ 34. simas *N G^{pc}*
Hu^{pc} : summas *G^{ac}behju^{ac}y* ‖ collidit *N G^{pc}Hbehjuy* : collidit
iter. G^{ac} subducit *Ascens.* ‖ 35. iuuentus *N G* : -ta *Hbehjuy* ‖
36. tempora *GHbehjuy^2* : timp- *N* corp- *y^1* ‖ 37. laetas *N GH*
u in ras. y^2 : lenes *A* leues *e* leuas *bhy^1* leu *j, spatio relicto* ‖
ostendit *NHbehjuy* : ext- *G* ‖ 38. poma *N GAbhju^{1}y* : dona *Heu^2* ‖
39. tum *N Ge* : tunc *Hbhjuy* ‖ fetus *N GH* : fructus *behjuy* ‖
40. primi *N G* : pueri *Hbehjuy, Burm.* proni *Baehr.* ‖ 41. haec
Hbehjuy : hoc *N G* ‖ ediderat *N GHbehjy* : audierant *u in*
ras. ‖ uuas *N G^{pc}Hbehjuy* : undas *G^{ac}* ‖ 42. elidere *N G* :
illid- *Hbhjuy* illud- *e* ‖ 43. concaua *GHbehjuy* : cum caua *N* ‖
45. rubraque *N G* : nuda- *Hbehju^{1}y, Burm., Baehr.* uda- *u^2* ‖
46. tum *GHbehjuy* : cum *N* ‖ lasciua *NHbehjuy* : fassiua *G* ‖
cohors *N GHehjuy* : chori *b* ‖ 47. corripiunt *N GHbhu* : -puit *e*
corrumpunt *jy* ‖ quae *N G* : quod *Hbehjuy* ‖ fors *N GH* : sors *behjuy,*
Burm., Wernsdorf ‖ arripit *N GH* : hoc capit *behjuy* occupat
Baehr. ‖ 48. cantharon *Hu^2* : -taron *bhju^{1}y* -thara *N* -tarum *G*
-toron *e* ‖ 49. concauat *N GHjuy* : -uocat *beh* ‖ palmasque *GHeu^2* :
palmas *Nbhju^{1}y* ‖ 50. haurit *N^{pc}Hbehju* : aurit *G^{pc}y* harit *N^{ac}*
auris *G^{ac}.*

boit à même la cuve et aspire le moût de ses lèvres qui claquent ; un autre y plonge des cymbales sonores, tandis qu'un autre encore, couché sur le dos, recueille le suc des grappes écrasées ; mais, ayant bu (le jus rejaillit en cascades de sa bouche), il vomit et la liqueur dégouline sur ses épaules et sa poitrine [39]. Partout

55 règnent jeux, chants et chœurs lascifs [40] ; et déjà les vins provoquent aux plaisirs de Vénus : les Satyres amoureux sont emportés [41] par le désir de s'unir aux Nymphes qui s'enfuient [42] ; elles vont leur échapper, quand ils les retiennent, qui [43] par les cheveux, qui par le vêtement. Alors, pour la première fois, Silène vida avec avidité des tasses pleines de moût rosé. Mais ses

60 forces trahirent le vieillard [44] : depuis lors, les veines enflées par le doux nectar, alourdi par la liqueur d'Iacchus bue la veille [45], il soulève à jamais les risées. Et le grand dieu, lui aussi, le dieu [46] qu'engendra Jupiter lui-même, écrase les grappes de ses pieds, revêt ses thyrses

65 de pampre et donne à boire à un lynx dans un cratère ». Voilà ce que Pan enseignait aux garçons dans un vallon du Ménale, jusqu'au moment où [47] la nuit les force à rassembler [48] les brebis épar·es dans la plaine et les invite à tarir le flot de lait qui s'écoule des pis [49]* et à presser le caillé en mottes blanches comme neige [50]*.

39. Cf. Ov., *Pont.* 4, 10, 28 : *ter licet epotum ter uomat illa fretum* ; *Met.* 12, 281 : *excutit inque umeros* ; Hor., *Carm.* 1, 12, 29 : *defluit... umor.*

40. Cf. Stat., *Silu.* 2, 6, 29 : *cantus adsueta licentia ducit* ; Tib. 1, 7, 44 : *sed chorus et cantus et leuis aptus amor.*

41. *Raptantur amantes* : cf. Virg., *Georg.* 3, 291-292 : *dulcis | raptat amor.*

42. Cf. Hor., *Carm.* 3, 18, 1 : *Faune, Nympharum fugientum amator.*

43. *Iam iamque... hic* : cf. Virg., *Aen.* 12, 479 : *iamque hic... hic.*

44. *Non aequis uiribus* : cf. Virg., *Aen.* 5, 809 : *nec uiribus aequis* ; 12, 218 : *non uiribus aequis.*

45. Cf. Virg., *Buc.* 6, 15 : *inflatum hesterno uenas, ut semper, Iaccho.*

46. *Deus ille, deus* : cf. Lucr. 5, 8 : *deus ille fuit, deus* ; Virg., *Buc.* 5, 64 : *deus, deus ille* ; *Aen.* 6, 46 : *deus, ecce deus.*

47. Cf. Virg., *Buc.* 6, 85-86 : *cogere donec oues stabulis numerumque referre | iussit et inuito processit uesper Olympo.*

48. *Conducere in unum* : cf. Lucr. 6, 967 : *conducit in unum* ; Ov., *Rem.* 673 : *conducet in unum.*

musta labris ; alius uocalia cymbala mergit
atque alius latices pressis resupinus ab uuis
excipit ; at potus (saliens liquor ore resultat)
euomit inque humeros et pectora defluit umor.
Omnia ludus habet cantusque chorique licentes ;   55
et uenerem iam uina mouent : raptantur amantes
concubitu Satyri fugientes iungere Nymphas ;
iam iamque elapsas, hic crine, hic ueste retentat.
Tum primum roseo Silenus cymbia musto
plena senex auide non aequis uiribus hausit :   60
ex illo uenas inflatus nectare dulci
hesternoque grauis semper ridetur Iaccho.
Quin etiam deus ille, deus Ioue prosatus ipso,
et plantis uuas premit et de uitibus hastas
integit et lynci praebet cratera bibenti ».   65
Haec Pan Maenalia pueros in ualle docebat,
sparsas donec oues campo conducere in unum
nox iubet, uberibus suadens siccare fluorem
lactis et in niueas astrictum cogere glaebas.

---

51. musta *GHbehjuy* : multa *N* ‖ uocalia *Hbeju²y* : uoca-
bula *NG* uenalia *u¹* ueralia *h* ‖ cymbala *Hbhju¹y* : cimbula
NG cymbia *Aeu²* ‖ 52 *post* 53 *transt. codd.* ‖ pressis *GᵖᶜHbh*
ju¹y : pressus *NGᵃᶜeu²* ‖ 53. at *NG* : ac *Hbehjuy* aes *Baehr.* ‖
potus *codd.* : potis *Ald.²* potum *Baehr.* ‖ saliens liquor ore *NH*
behjuy : saliensque liquore *G, Baehr.* ‖ 54. euomit *NGH* : spumeus
behjuy ebibit *Baehr.* ‖ defluit *NGbhju¹y* : dif- *eu²* diffl- *H* ‖
55. cantusque *NGHbejuy* : -tus *h* ‖ chorique *NG* : -rosque *Hbeh*
juy ‖ 56. amantes *NHbehjuy* : -ti *G* ‖ 57. concubitu *Hbehjuy* :
-tum *NG* ‖ fugientes *NGHbehu* : cupien- *jy* ‖ 58. crine *NGH*
bhjuy : crinem *e* ‖ 59. primum *NGHuᵖᶜ* : -mus *behjuᵃᶜy* ‖ silenus
GHeju in ras. :-neus *N* cillenus *bhy* ‖ cymbia *GHbehjuy* : tibia *N* ‖
61. illo *NGᵖᶜHbehjuy* : illos *Gᵃᶜ* ‖ 62. hesternoque *Nejuy* :
hext- *Hᵖᶜ* ext- *GHᵃᶜbh* ‖ 63. prosatus *NHhu* : satus *G* pronatus
b natus *Aejy, Baehr.* ‖ ipso *Hhu* : ab ipso *NGAejy, Baehr.* ipse *b* ‖
64. *pr.* et *NGHchjuy* : ox *b* ‖ 65. integit *NG* : -gerit *IIbehjuy* ‖
cratera *GHbehjuy* : cla- *N* ‖ bibenti *NGHbehu* : -bendi *jy* ‖
67. sparsas *NG²Hbehjuy* : sarsas *G¹* ‖ conducere *NGHbehju* :
dedu-*y* ‖ 68. fluorem *NGAH beju²y* : liquor- *hu¹, Burm., Glaeser.*

Lycidas Mopsus

A l'ombre d'un peuplier [1], les bergers Lycidas et Mopsus, l'un et l'autre flûtistes et poètes experts dont les accents n'avaient rien de trivial, chantaient leur propres amours [2]: Mopsus brûlait pour Méroé, Lycidas pour Iollas à l'abon-
5 dante chevelure [3], et une même passion [4] née d'un sexe opposé les jetait dans des courses fiévreuses à travers des forêts entières [5]. Le garçon et Méroé s'amusaient beaucoup de leurs fureurs [6]. Tantôt ils évitaient les rendez-vous fixés sous les ormes des vallons [7], tantôt ils fuyaient les hêtres choisis pour les rencontres, tantôt ils ne venaient pas dans les grottes où ils avaient promis de se rendre et n'avaient plus envie de s'ébattre auprès
10 de leurs sources habituelles [8*]. Quand, à la fin, les deux amants furent las, dévorés qu'ils étaient par leur flamme cruelle [9*], ils mirent à nu leurs blessures dans les forêts désertes [10*] et chantèrent ainsi tour à tour une douce complainte :

1. *Populea... in umbra* : cf. Virg., *Georg.* 4, 511 : *populea... sub umbra.*
2. *Nec triuiale sonans* : cf. Virg., *Buc.* 3, 26-27 : *Non tu in triuiis, indocte, solebas | stridenti miserum stipula disperdere carmen ?* ; Calp. 1, 28 : *non haec triuiali more uiator. –Cantabat amores* : cf. Calp. 6, 73 : *cantetis amores.*
3. *Crinitus Iollas* : cf. Virg., *Aen.* 1, 740 : *crinitus Iopas.*
4. *Ignis... furor* : cf. Virg., *Buc.* 3, 66 : *meus ignis Amyntas* ; Ov., *Met.* 9, 541 : *furor igneus.*
5. *Totis discurrere siluis* : cf. Virg., *Aen.* 11, 468 : *tota discur- ritur urbe* ; Ov., *Met.* 14, 418-9 : *per omnes | discurrunt siluas.*
6. *Multum lusere* : cf. Catull. 68, 17 : *multa satis lusi.*
7. *Condictas... ulmos* : cf. Ov., *Met.* 4, 95 : *dictaque sub arbore sedit.*

LYCIDAS MOPSVS

Populea Lycidas nec non et Mopsus in umbra
pastores, calamis et uersu doctus uterque
nec triuiale sonans, proprios cantabat amores.
Nam Mopso Meroe, Lycidae crinitus Iollas
ignis erat, parilisque furor de dispare sexu   5
cogebat trepidos totis discurrere siluis.
Hos puer ac Meroe multum lusere furentes,
dum modo condictas uitant in uallibus ulmos,
nunc fagos placitas fugiunt promissaque fallunt
antra nec est animus solitos ad ludere fontes.   10
Cum tandem fessi, quos durus adederat ignis
sic sua desertis nudarunt uulnera siluis
inque uicem dulces cantu dixere querelas :

1. populea *N GHbehju* : opul- *y* || lycidas *Hehu* : li-*N Gby* licida°
j || 2. et *N G* : ac *Hbehjuy* || 3. triuiale *N G¹Hbehjuy* : rurale *G²mg* ||
4. lycidae *GᵖᶜHehju* : li- *Nby* liu lycidae *Gᵃᶜ* || iollas *NHbhju* :
iolas *ey* yolla *G* || 5. parilisque *N GHbejuy* : puer- *h* || 6. 13 *post*
6 *transt. G* || *in* u^mg *Ugol. adnotauit* : vacat hic versus : inque
uicem cantu dulces dixere querellas || 7. lusere *GHbehjuy* : luxe-
N || furentes *GHbehjuy* : parentes furentes *N* || 8. dum *NHbehjuy* :
nam *G* || condictas *Hu²* : -dicta *e* -ductas *N Gbhju¹y* || 9. placitas
N GᵖᶜAH : -das *Gᵃᶜbehjuy* || fugiunt *NHbehjuy* : fugint *G* ||
promissaque *GᵃᶜHbehjuy* : pre- *N Gᵖᶜmg* || 10. est animus *N²beh
juy²* : est animos *Gᵃᶜ* est animo *GᵖᶜAH* est arons *N¹* animis
y¹, spatio relicto || ad ludere *Nj* : adlud- *b, Beck* allud- *GHehuy* ||
11. cum *N G* : tum *Hbehuy* tunc *j* || durus *N GAH* : lusus *ehu*
luxus *bjy* dirus *Schenkl* torridus *Baehr.* || adederat *Hu²* : ederat
N Gbehju¹y, Baehr., Schenkl || 12. nudarunt *N GHbejuy* : -rent
h || 13. dixere *N GAHeu²* : du- *bhju¹y* lu- *Glaeser*.

MOPSUS

« Farouche Méroé, qui fuis plus vite que les Eurus
15 rapides[11], pourquoi te dérobes-tu à ma flûte, à mes
chants de berger ? Pourquoi ? Ou qui fuis-tu ? Quelle
gloire tires-tu de ma défaite[12] ? Pourquoi sur ton visage
caches-tu tes sentiments et sur ton front serein fais-tu
pour moi briller l'espoir[13] ? Une bonne fois, cruelle,
dis-moi non : je puis ne pas t'aimer, si tu me dis non[14].
Chante chacun l'objet qu'il aime : la chanson calme aussi
les peines[15].

LYCIDAS

20 Tourne enfin ton regard vers moi, ô Iollas, garçon cruel.
Tu ne seras pas toujours ce que tu es : le gazon aussi
perd ses fleurs, l'épine perd ses roses, les lis n'ont pas
toujours leur blancheur éclatante[16*], la vigne ne garde
pas longtemps sa chevelure ni le peuplier son ombrage.
La beauté est un don éphémère et qui ne s'accommode
pas des années[17*].
25 Chante chacun l'objet qu'il aime : la chanson calme aussi
les peines.

MOPSUS

La biche suit son mâle et la belle génisse son taureau[18*] ;
les louves aussi ressentent l'appel de l'amour, les lionnes

11. *Fugacior Euris* : cf. Virg., *Aen.* 8, 223, et 12, 733 : *fugit
ocior Euro.*
12. *Quemue fugis ?* : cf. Virg., *Buc* 2, 60, et *Aen.* 6, 466 : *quem
fugis ?* ; Calp. 3, 61 : *quem, Phylli, fugis ?.* — *Quae me tibi gloria
uicto ?* : cf. Tib. 1, 8, 49 : *puero quae gloria uicto est ?*
13. Cf. Virg., *Aen.* 4, 477 : *consilium uoltu tegit ac spem fronte
serenat* ; Ov., *Fast.* 3, 634 : *mente premit.*
14. *Dura nega* : cf. Prop. 2, 22, 43 : *si es dura, nega* ; Catull. 8,
9 : *nunc iam illa non uult : tu quoque inpotens, noli.*
15. Cf. le refrain de la huitième bucolique de Virgile et celui
du *Peruigilium Veneris.* — *Leuant...curas* : cf. Lucr. 2, 365 ;
Catull. 2, 10 ; Tib. 3, 3, 21 ; Ov., *Met.* 12, 156 ; etc. : *leuare curas.*

Mopsvs

« Immitis Meroe rapidisque fugacior euris,
cur nostros calamos, cur pastoralia uitas   15
carmina ? Quemue fugis ? Quae me tibi gloria uicto ?
Quid uultu mentem premis ac spem fronte serenas ?
Tandem, dura, nega : possum non uelle negantem.
Cantet, amat quod quisque : leuant et carmina curas.

Lycidas

Respice me tandem, puer o crudelis Iolla.   20
Non hoc semper eris : perdunt et gramina flores,
perdit spina rosas, nec semper lilia candent,
nec longum tenet uua comas, nec populus umbras.
Donum forma breue est nec se quod commodet annis.
Cantet amat quod quisque : leuant et carmina
                                              [curas. 25

Mopsvs

Cerua marem sequitur, taurum formosa iuuenca
et Venerem sensere lupae, sensere leaenae

14. rapidisque $N^{pc}GHbehjuy$: rabi- N^{ac} ‖ fugacior $GHhju$: -tior
Nby -tio e ‖ 17. uultu $NGAH$: -tum *behjuy* ‖ mentem $NGAH$:
ueniens *behjuy* ‖ serenas *codd.* : -nans *Burm.* ‖ 18. nega NG : negas
$Hbehjuy$ ‖ possum $NGHbhjuy$: non possum e ‖ non *codd.* : iam
Baehr. nam *Schenkl* ‖ 19. cantet $NG^{pc}Hbehjuy$: -tat G^{ac} ‖ amat
$NGHeu^2$: amet $bhju^1y$ *ut semper* ‖ 21. non $NGHbehju^{pc}y$: nunc
u^{ac} ‖ hoc $GHehjuy$: hec Nb ‖ eris $Hbehjuy$: erit G herit N ‖
gramina $GHbehjuy$: germ- N ‖ flores $N^2Hbehjuy$: -rem N^1G ‖
22. perdit $GHbehjuy$: -dunt N ‖ candent $NHbehjuy$: canent G ‖
24. se $NG^{ac}Hbehjuy$: scit $G^{pc}mg$ ‖ quod NG : tibi $Hbehjuy$ ‖
commodet NG : -dat $Hbehjuy$ ‖ annis $NG^{ac}Hbeju^{pc}y$: annus
$G^{pc}mg\ hu^{ac}$ ‖ 25. cantet $N^{pc}GHbehjuy$: -tat N^{ac} ‖ 26-37 *om.h* ‖
26. cerua $NG^{pc}Hbejuy$: -uam G^{ac}.

le ressentent [19], et, dans les airs, l'espèce ailée, et l'innom-
brable gent porte-écaille, et les montagnes et les forêts :
30 l'arbre a ses amours [20]. Toi seule pourtant, tu fuis un
malheureux, toi, tu trahis ton amant [21].
Chante chacun l'objet qu'il aime : la chanson calme aussi
les peines.

LYCIDAS

Le temps nourrit, le temps ravit toute chose : la jouis-
sance en est brève [22]*. C'était le printemps [23]* et j'ai vu
sous leurs mères ces veaux qui, aujourd'hui, pour une
vache blanche comme neige ont entrechoqué leurs
35 cornes [24]*. Déjà tes narines se gonflent [25]*, ton cou est
robuste ; déjà vingt moissons donnent le compte de tes
années [26]*.
Chante chacun l'objet qu'il aime : la chanson calme aussi
les peines.

MOPSUS

Viens [27]* ici, belle Méroé [28]*, la chaleur t'appelle sous
l'ombrage. Déjà les troupeaux ont gagné les sous-bois,
40 déjà aucun oiseau à la gorge mélodieuse ne fait entendre
son chant [29]*, et le serpent couvert d'écailles ne marque
pas le sol de sa trace sinueuse [30]*. Je suis seul à chanter :
de mes accents résonne toute la forêt et mon chant ne
le cède en rien à celui des cigales de l'été.
Chante chacun l'objet qu'il aime : la chanson calme aussi
les peines.

19. Cf. Sen., *Phaedr.* 576 : *illae feroces sentiunt Veneris iugum* ;
Ov., *Ib.* 383 : *sensere leones* ; Virg., *Buc.* 2, 63 : *Torua leaena lupum
sequitur.*
20. Cf. Manil. 3, 654-656 : *tunc pecudum uolucrumque genus
per pabula laeta | in Venerem partumque ruit, totumque canora |
uoce nemus loquitur frondemque uirescit in omnem* ; Colum. 10,
209-210 : *hinc maria, hinc montes, hinc totus denique mundus |
uer agit, hinc hominum, pecudum uolucrumque cupido.* — *Suos
habet arbor amores* : cf. Prop. 1, 18, 19 : *si quos habet arbor amores.*
21. Cf. Tib. 1, 8, 61-2 : *miserum si spernit amantem | et fugit...
saeua puella.*

et genus aerium uolucres et squamea turba
et montes siluaeque : suos habet arbor amores.
Tu tamen una fugis miserum, tu prodis amantem.   30
Cantet amat quod quisque : leuant et carmina curas.

LYCIDAS

Omnia tempus alit, tempus rapit : usus in arto est.
Ver erat et uitulos uidi sub matribus istos
qui nunc pro niuea coiere in cornua uacca.
Et tibi iam tumidae nares et fortia colla,   35
iam tibi bis denis numerantur messibus anni.
Cantet amat quod quisque : leuant et carmina curas.

MOPSVS

Huc, Meroe formosa, ueni : uocat aestus in umbram.
Iam pecudes subiere nemus, iam nulla canoro
gutture cantat auis, torto non squamea tractu   40
signat humum serpens. Solus cano : me sonat omnis
silua nec aestiuis cantu concedo cicadis.
Cantet, amat quod quisque : leuant et carmina curas.

28. aerium *GH* : -reum *Nbejuy* ‖ uolucres *N²Hbejuy* : -cru *N¹* -crum *G* ‖ et *NHbejuy* : tum *G* ‖ squamea *GHbju²y* : squamea *u¹* quammea *e* sua mea *N* ‖ 29. siluaeque *N GᵖᶜHbejuy* : simaeque *Gᵃᶜ* ‖ arbor *GHbejuy* : -bos *N* ‖ amores *GHbejuy* : -ris *N* ‖ 30. prodis *NG* : perdis *Hbejuy* pellis *M. L. Paladini (Latomus, XVI, 1957, p. 140)* ‖ 31. quisque –curas *om. G* ‖ 32-37 *om.e* ‖ 32. alit *codd.* : agit *Verdière* ‖ arto *N* : arcto *GHbju*ᵃᶜ*y* artho *u*ᵖᶜ ‖ 35. nares *GHbjuy* : mares *N* ‖ et *NGjy* : iam *Hbu, Burm.* ‖ 36. tibi bis *GHbjy* : tribis *N* tibis *u in ras.* ‖ denis *NHbu* : deni *Gjy* ‖ messibus *Hu²* : mensi- *NGbju¹y* ‖ 37. quod –curas *om. G ut semper* ‖ 38. huc *N GHbehju*ᵖᶜ*y* : nunc *u*ᵃᶜ ‖ meroe *N GHbhjuy* : merue *e* ‖ ueni *Nᵖᶜ GHbehj*ᵖᶜ*uy* : uenit *j*ᵃᶜ uni *N*ᵃᶜ ‖ umbram *N GHejuy* : umbra *bh* ‖ 39 *om. e* ‖ subiere *Hju²y* : subire *bhu¹* subeunt *N, Ven.* subeunte *G* ‖ iam nulla *N GH* : non ulla *bjy* nam nulla *hu* non nulla *Ven.* ‖ 42. cantu *N GHeu²* : cantum *bhjy* tantum *u¹* ‖ concedo *NHbehju*ᵖᶜ*y* : -de *Gu*ᵃᶜ.

LYCIDAS

Toi non plus, garçon cruel [31], ne va point perdre ton teint
45 de neige sous ce soleil qui brûle l'éclat des joues [32]. Ici [33],
allons, repose-toi à mes côtés sous l'ombre des pampres [34].
Ici, pour toi, une eau vive murmure doucement [35] ;
ici encore, des ormes pendent les grappes écarlates de la
vigne féconde [36].
Chante chacun l'objet qu'il aime : la chanson calme aussi
les peines.

MOPSUS

50 Qui aura enduré les dédains tenaces [37] de l'altière Méroé,
supportera les neiges sithoniennes et le feu de la Libye [38],
boira les eaux de Nérée, de l'if vénéneux ne craindra
pas le suc [39], des herbes sardes triomphera [40] et contrain-
dra les lions de Marmarique à porter son joug [41].
55 Chante chacun l'objet qu'il aime : la chanson calme aussi
les peines.

---

31. *Saeue puer* : cf. Ov., *Am.* 1, 1, 5, etc.
32. Cf. Tib. 9, 15 : *uretur facies, urentur sole capilli.*
33. Cf. Virg., *Buc.* 10, 42 sq.
34. Cf. *Copa*, 31 : *hic age pampinea fessus requiesce sub umbra* ;
Virg., *Buc.* 7, 10 : *requiesce sub umbra.*
35. *Lene uirens* : cf. Stat., *Theb.* 4, 817 : *lene uirens.*
36. Cf. Virg., *Buc.* 4, 29 : *incultisque rubens pendebit sentibus
uua* ; Ov., *Fast.* 3, 471 : *uitem pendentem e frondibus ulmi.* —
Les ormes servaient de support à la vigne : cf. Virg., *Georg.* 1, 2.
37. Cf. Virg., *Buc.* 2, 15 : *atque superba pati fastidia.*
38. *Sithonias... niues* : cf. Virg., *Buc.* 10, 66 : *Sithoniasque
niues* ; Ov., *Am.* 3, 7, 8 : *Sithonia niue.* — *Libyaeque calorem* :
cf. Manil. 4, 598 : *Libyamque calentem.*
39. *Taxique nocentis non metuet sucos* : cf. Stat., *Theb.* 6, 101-2 :
metuendaque suco / taxus.
40. La renoncule sarde, ou sardonie dont le suc est très amer.
Cf. J. ANDRÉ, *op. cit.*, p. 270. — *Sardorum gramina uincet* : cf.
Virg., *Buc.* 7, 41 : *immo ego Sardoniis uidear tibi amarior herbis.*
41. *Marmaricos leones* : cf. Sen., *Ag.* 739 ; *Herc. O.* 1057. —
Iuga ferre : cf. Calp. 6, 35, et Catull. 68, 118 : *iugum ferre.*

Lycidas

Tu quoque, saeue puer, niueum ne perde colorem
sole sub hoc : solet hic lucentes urere malas.   45
Hic age pampinea mecum requiesce sub umbra ;
hic tibi lene uirens fons murmurat, hic et ab ulmis
purpureae fetis dependent uitibus uuae.
Cantet, amat quod quisque : leuant et carmina curas.

Mopsvs

Qui tulerit Meroēs fastidia lenta superbae,   50
Sithonias feret ille niues Libyaeque calorem,
Nerinas potabit aquas taxique nocentis
non metuet sucos, Sardorum gramina uincet
et iuga Marmaricos coget sua ferre leones.
Cantet, amat quod quisque : leuant et carmina
[curas.   55

---

44. quoque *GHbehjuy* : que *N* ‖ niueum *NGA* : natum *bejy* nactum *Hhu* ‖ 45. solet hic *NGAH* : sed et hic *bhjy* sedet hoc *u in ras.* sed hoc *e* ‖ lucentes *GAH behjuy* : luentes *N* ‖ urere *NGAH* : uertito *ehjuy* uerito *b* ‖ 46. hic *Heu*[pc]*y* : h' *N* hac *G, Baehr. Schenkl* dic *bhju*[ac] ‖ 47. hic *GHbehjuy* : hoc *N* ‖ lene *NGHeu* : leue *bhjy* ‖ uirens *NG* : fluens *Hbehjuy* ‖ ab ulmis *Hbehjuy* : habundas *N* -dans *G*[ac] -de *G*[pc] ‖ 50. tulerit *Hbehjuy* : tulle- *N* tuleris *G* ‖ fastidia *GHbehjuy* : -tida *N* ‖ lenta *NG* : longa *Hbehjuy* ‖ 51. libyaeque *Baehr.* : libie- *NG* libyesque *Ver-dière* lybicosque *behuy* libycos- *Hj* ‖ calorem *NG* : -res *Hbehjuy* ‖ 52. nerinas *Nbhjy* : -rynas *G*[ac] -rines *Heu in ras.* -reydas *G*[pc] ‖ potabit *iter. y* ‖ aquas *N²GHbehjuy* : aqua *N¹* ‖ 53. metuet *NGH ejuy* : -tuat *bh* ‖ sardorum : *N² in ras. GHbeju¹y* : sarebrum *h* salebrosaque *u²* sardoaque *Ascens.* sardorum et *Castigl., Giarrat.* ‖ gramina *GHbehjuy* : germinae *N* ‖ uincet *GHehjuy* : uincent *b* uiuet *N* ‖ 54 *post* 55 transt. *N*[ac] ‖ iuga *NGu²* : sua *Hbehju¹y* ‖ marmaricos *NGHehu²y* : marmo- *bju¹* ‖ sua *NGu²* : iuga *Hhju¹y* iura *b* uirga *e.*

LYCIDAS

Quiconque aime les garçons, que de fer il endurcisse son cœur [42], qu'il ne précipite rien, qu'il apprenne à aimer longtemps sans impatience [43], qu'il ne méprise pas la circonspection des années tendres [44] et supporte sans défaillance le dédain [45]. Ainsi, un jour, il trouvera
60 la joie, pour peu qu'un dieu écoute les amants dans l'angoisse.
Chante chacun l'objet qu'il aime : la chanson calme aussi les peines.

MOPSUS

A quoi me sert que [46] la mère du villageois Amyntas m'ait purifié trois fois avec des bandelettes, trois fois avec des rameaux consacrés, trois fois avec des bouffées d'encens [47], et qu'embrasant avec du soufre vierge
65 le laurier qui pétille, elle en ait, par dessus son épaule, dispersé les cendres dans la rivière [48*], puisqu'aussi bien je brûle misérablement pour Méroé de tous les feux de l'amour [49*] ?
Chante chacun l'objet qu'il aime : la chanson calme aussi les peines.

LYCIDAS

Cette même Mycalé, autour de moi aussi, a promené des fils multicolores [50*] et mille herbes étranges [51*] ; elle

---

42. *Ferro praecordia duret* : cf. Tib. 1, 1, 63 : *duro praecordia ferro* ; Ov., *Pont.* 4, 12, 31 : *duro... pectora ferro* ; etc.
43. *Discatque... patienter amare* : cf. Sen., *Phaedr.* 415 : *amare discat* ; Ov., *Epist.* 19, 4 : *patienter amo* ; 20, 90 : *patienter amat.*
44. Cf. Stat., *Theb.* 4, 512-3 : *ne tenues annos... | spernite.*
45. Cf. v. 50.
46. *Quid prodest quod ?* : cf. Virg., *Buc.* 3, 74.
47. Cf. Virg., *Buc.* 8, 73-74 : *terna tibi haec primum triplici diuersa colore | licia circumdo*, et 78 : *Necte tribus nodis ternos, Amarylli, colores* ; Ov., *Met.* 7, 261 : *terque senem flamma, ter aqua, ter sulphure lustrat.* — *Ture uaporo* : cf. Virg., *Aen.* 11, 481 : *ture uaporant.*

Lycidas

Quisquis amat pueros ferro praecordia duret,
nil properet discatque diu patienter amare
prudentesque animos teneris non spernat in annis,
perferat et fastus. Sic olim gaudia sumet,
si modo sollicitos aliquis deus audit amantes. 60
Cantet, amat quod quisque : leuant et carmina curas.

Mopsvs

Quid prodest quod me pagani mater Amyntae
ter uittis, ter fronde sacra, ter ture uaporo,
incendens uiuo crepitantes sulphure lauros
lustrauit cineresque auersa effudit in amnem, 65
cum sic in Meroen totis miser ignibus urar ?
Cantet, amat quod quisque : leuant et carmina curas.

Lycidas

Haec eadem nobis quoque uersicoloria fila
et mille ignotas Mycale circumtulit herbas ;

56. quisquis $N\,GHehju^2y$: quis *b* ‖ duret $NHbehju^2y$: curet *G* ‖ 57. discatque $N\,GHbehju^2$: -citque *y* ‖ diu $GHbehju^2y$: diri *N* ‖ 58. animos $Hbehju^2y$: annos $N\,G$ ‖ 59. sumet beu^2 : summet $N\,GHhjy$ ‖ 60. audit *om.* *N* ‖ 62. amyntae $NHbehjuy$: -thae *G* ‖ 63. uittis u^2 : uitis $N\,Gbehju^1y$ uictis *H* ‖ fronde $GHbehjuy$: -des *N* ‖ ture *Gb* : thure $NHe\,ju^2in\,ras.y$ fronde *h* ‖ uaporo $N\,GHeu^2$:- rem $bhju^1y$ ‖ 64 *post* 65 *transt.* *Haupt* ‖ incendens $GHbehjuy$:- des *N* ‖ uiuo $N\,GH$ $bej^{pc}uy$: uino hj^{ac} ‖ lauros $N\,GHbejuy$: tauros *h* ‖ 65. auersa $N^{ac}Heu^2$: aduer- $N^{pc}Gbhju^1y$ ‖ 66. meroen *Hbe* : -em $N\,Ghju$ *in ras. y* ‖ totis *codd.* : totus *Wendel (Hermes, LXIX, 1934, p. 347)* ‖ urar N^{pc} : uratr *N* uror *G* arsi $N^2Hbehjuy$ ‖ 68. quoque $N\,GAH$: que *bu* quae *ejy* ‖ uersicoloria $GHeu\,in\,ras.$: uersu-*N* ueri- *bjy* uari- *h* ‖ 69. mycale $NHbehju$: mica- *iter. y* micla- *G* ‖ herbas $N\,GHbhju$: artes *Ae* etas *y*.

70 a prononcé les incantations qui font se gonfler la lune,
    éclater le serpent [52], courir les rochers, émigrer les mois-
    sons [53], se déraciner les arbres. Voici pourtant que plus
    grande, plus grande est la beauté de mon Iollas [54].
    Chante chacun l'objet qu'il aime : la chanson calme aussi
    les peines ».

52. Cf. Ov., *Met.* 12, 263-4 : *mater erat Mycale, quam deduxisse canendo | saepe reluctantis constabat cornua lunae* ; Virg., *Buc.* 8, 69 : *carmina uel caelo possunt deducere lunam*, et 71 : *frigidus in pratis cantando rumpitur anguis* (cf. aussi Ov., *Am.* 2, 1, 23 ; *Met.* 7, 203 ; Manil. 1, 92-94).

53. Cf. Virg., *Buc.* 8, 99 : *satas alio uidi traducere messes* ; Ov., *Rem.* 254-5 : *non anus infami carmine rumpet humum, | non seges ex aliis alios transibit in agros* ; Tib. 1, 8, 19-21 : *Cantus uicinis fruges traducit ab agris | cantus et iratae detinet anguis iter | cantus et e curru lunam deducere temptat.*

54. Cf. Ov., *Am.* 2, 10, 8 : *et magis haec nobis, et magis illa placet.*

cantauit quo luna tumet, quo rumpitur anguis,   70
quo currunt scopuli, migrant sata, uellitur arbos.
Plus tamen ecce meus, plus est formosus Iollas.
Cantet, amat quod quisque : leuant et carmina curas ».

70. quo *H* : quod *Nbehju in ras. y* qua *G* ‖ tumet *NGH* :
timet *behju in ras. y* ‖ quo rumpitur *Hbejy* : quod rump- *Nhu*²
qua rump- *G* corrump- *u*¹ ‖ 71. quo currunt *GHbehju*ᵖᶜ*y* : quon-
currunt *u*ᵃᶜ quo curi *N* ‖ uellitur *N GHbehu* : rumpitur *jy* ‖
72. iollas *N*ᵖᶜ*GHbehjuy* : il iollas *N*ᵃᶜ.

NOTES COMPLÉMENTAIRES

PREMIÈRE BUCOLIQUE

P. 41.   4. L'expression : *sub harundine* est expliquée ainsi par
J. C. WERNSDORF : ad modos fistulae, ut sub aliquo aliquid agere,
ad ejus scilicet nutum. Cf. Virg., *Aen.* 12, 180 : *Cuncta tuo qui
bella, pater, sub numine torques*, et *Copa*, 2 : *Crispum sub crotalo
docta mouere latus.*

   5. *Gracili... harundine* : cf. Ov., *Am.* 1, 7, 55 : *gracilis... harundo.*

   6. *Pan docuit* : cf. Virg., *Buc.* 2, 32-3 : *Pan primus... instituit.*

   7. *Calamos inflare labello* : cf. Virg., *Buc.* 5, 2 : *calamos inflare
leues* ; 2, 34 : *calamo triuisse labellum.*

   8. *Bonus tibi fauit Apollo* : cf. Calp. 4, 9-10 : *nec te diuersus
Apollo /despicit.*

   9. *Primi suadet clementia solis* : cf. Colum. 9, 13, 4 : *cum clementia diei suaserit.*

   10. Cf. Virg., *Buc.* 1, 77 ; *Georg.* 3, 325-6 ; Calp. 5, 29-31.

   11. *Vicine Thymoeta* : cf. Virg., *Buc.* 3, 53 : *uicine Palaemon.*

   12. *Carusque deis* : cf. Hor., *Carm.* 1, 31, 13 : *dis carus ipsis* ;
Stat., *Theb.* 8, 329 : *care deis.*

P. 42.   20. Cf. Virg., *Buc.* 9, 29 : *cantantes sublime ferent ad sidera
cycni* ; Hor., *Carm.* 1, 1, 36 : *sublimi feriam sidera uertice.*

   21. Cf. Tib. 3, 3, 9 : *Tunc cum permenso defunctus tempore
lucis.*

   22. *Habet mundusque* : cf. Ov., *Pont.* 3, 1, 128, et 4, 14, 12 :
mundus habet.

   23. Ce vers est probablement de résonance stoïcienne. Cf.
Lactance, *Inst.* 7, 7 : *Esse inferos Zeno stoïcus docuit et sedes
piorum ab impiis esse discretas.* Toutefois les poètes latins (Virgile, *Aen.* 8, 670 ; Horace, *Carm.* 2, 13, 23, et *Epod.* 16, 63 ; Ovide,
Met. 11, 62, etc.) usaient fréquemment de formules vagues, ana-
logues à celle que nous trouvons ici, pour désigner le séjour
des bienheureux après la mort.

   24. *Quare age* : cf. Virg., *Aen.* 7, 429 ; *Laus Pis.* 81.

   25. *Si qua tibi Meliboei gratia uiuit* : cf. Virg., *Aen.* 7, 401-2 :
si qua...manet... / gratia.

   26. La *tibia* était réservée aux chants funèbres. Cf. Virg.,
Buc. 8, 21 ; Ov., *Trist.* 5, 1, 48, etc.

   27. Cf. Virg., *Buc.* 5, 4 : *tu maior : tibi me est aequum parere* (cf.
aussi Ov., *Trist.* 5, 9, 34 ; *Octauia* 459 ; Stat., *Theb.* 10, 82).

28. Cf. Virg., *Buc.* 5, 54 : *et...fuit cantari dignus* ; 4, 55-57 :
*Non me carminibus uincat nec Thracius Orpheus / nec Linus,
huic mater quamuis atque huic pater adsit, / Orphei Calliopea,
Lino formosus Apollo.*

29. Poètes mythiques de l'âge d'or. Dans la légende évhéme-
riste de Dionysos, Oeagre est un roi de Thrace. Son père, en effet,
Charops, avait prévenu le dieu que Lycurgue, le roi du pays,
voulait le faire assassiner. Dionysos tua Lycurgue et récompensa
Charops en lui donnant le trône. — *Oeagrius Orpheus* : cf. Manil.
5, 326 ; Stat., *Theb.* 5, 343-344.

30. *Acta uiri laudesque sonarent* : cf. Virg., *Buc.* 4, 54 :
tua dicere facta (cf. aussi : *Aen.* 10, 397-8 ; *Laus Pis.* 210 ; Stat.,
Theb. 3, 119).

P. 43. 34. *Tacet nemus omne* : cf. Stat., *Silu.* 5, 4, 3 : *tacet omne pecus.*

35. Cf. Calp. 5, 8 : *cernis in aprico decerpere gramina campo* ;
Ov., *Am.* 3, 5, 27 : *utque procul uidit carpentes pabula tauros.*

36. *Omniparens aether* : cf. Virg., *Georg.* 2, 325 : *omnipotens...
aether.*

37. Les quatre éléments sont ainsi associés chez Sen., *Herc. F.*
1054-1056 : *lugeat aether magnusque parens / aetheris alti tellusque
ferax / et uaga ponti mobilis unda,* et Luc. 9, 578-579 : *estque dei
sedes nisi terra et pontus et aer / et caelum...*

38. *Accipite hos cantus* : cf. *Dirae* 1, 50 : *accipite has uoces* ;
Virg., *Aen.* 5, 304 : *accipite haec animis.*

39. Théorie stoïcienne, que l'on trouve en particulier chez
Sen., *Phaedr.* 842-3 : *pars una uitae mansit extincto mihi : / sensus,*
et Luc. 8, 749 : *si quid sensus post fata relictum.* — Cf. aussi Ov.,
Pont. 1, 2, 111 : *si superest aliquid post funera sensus.*

40. *Sublimes animae* : cf. Virg., *Aen.* 6, 720 : *sublimes animas.*
— *Caelestia templa* : cf. Lucr. 5, 1204-1205.

41. Je crois que ce *mundus* — qui n'est autre que celui du vers
20 — ne figure pas, ainsi que le veulent la plupart des éditeurs,
le ciel, déjà désigné deux fois, dans le même membre de phrase,
par *caelestia templa* et *sidereas sedes,* mais le séjour réservé aux
âmes pieuses, différent de celui qu'habitaient les dieux, tout
comme celui décrit par Lucain : *Qua niger astriferis conectitur
axibus aer / quodque patet terras inter lunaeque meatus, / semidei
manes habitant, quos ignea uirtus / innocuos uita patientes aetheris imi / fecit et aeternos animam collegit in orbes...,* aux vers 5-9
du livre 9 de la *Pharsale,* qu'A. Bourgery, *La Guerre Civile,*
Paris, Les Belles Lettres, 1923, p. 129-130, commente ainsi :
« Après un séjour transitoire dans une région intermédiaire où
l'être se purifie de ses souillures (*aetheris imi*), l'âme du héros
s'élève jusqu'à la région sublunaire habitée par les mânes semi-
divins... ; et cette zone représente le plus bas des... *aeternos orbes,*
c'est-à-dire des huit cercles portant les planètes et les étoiles ».

42. Si, comme l'a très justement indiqué J. Hubaux, *Les
thèmes bucoliques dans la poésie latine,* p. 244, les vers de Manilius, 1, 758-761 : *an fortes animae dignataque nomina caelo /
corporibus resoluta suis terraeque remissa / huc migrant ex orbe*

suumque habitantia caelum | aetherios uiuunt annos mundoque fruuntur ?, sont ici la source principale de Némésien, ce dernier a pratiqué, selon son habitude, la *contaminatio* et mêlé plusieurs doctrines philosophico-religieuses. B. LUISELLI, *L'identificazione del Melibeo*, p. 179 sq., a songé au pythagorisme : il est de fait que le poète ne parle pas de Tartare dans ces vers et prédit à Mélibée l'immortalité astrale. Pour R. VERDIÈRE, *La Bucolique post-virgilienne*, p. 177, et *Prolégomènes*, p. 12-14, qui a noté des ressemblances troublantes avec le *Somnium Scipionis*, 13, 16, 24 et 29, il s'agit de platonisme, mais d'un platonisme assimilé par Cicéron, comme le définissait déjà P. BOYANCÉ, *Études sur le Songe de Scipion*, Paris, Klincksieck, 1936. Enfin E. RAYNAUD, *Poetae Minores*, Paris, Garnier, 1931, p. 371, allait même jusqu'à prétendre que cette bucolique était d'inspiration chrétienne. Je pense plutôt que ce poème est à dominante stoïcienne, comme le suggèrent déjà les similitudes avec tel ou tel passage de Lucain ou de Sénèque que j'ai indiquées dans les notes précédentes.

43. *Quos ipse benigno | pectore fouisti* : cf. Val. Fl. 3, 174 : *mente... fouisse benigna.*

44. Cf. Virg., *Georg.* 1, 197 : *uidi lecta diu et multo spectata labore* (cf. aussi *Georg.* 4, 206-7 ; Sil. 16, 332 ; Luc. 8, 625).

45. On sent, ici encore, l'influence stoïcienne. Cf. Sen., *Epist.* 1, 12, 6 : *Tota aetas partibus constat et orbes habet circumductos maiores minoribus. Est aliquis, qui omnes complectatur et cingat ; hic pertinet a natali ad diem extremum. Est alter, qui annos adulescentiae excludit ; est qui totam pueritiam ambitu suo adstringit ; est deinde per se annus in se omnia continens tempora, quorum multiplicatione uita componitur. Mensis artiore praecingitur circulo : angustissimum habet dies gyrum, sed et hic ab initio ad exitum uenit, ab ortu ad occasum.*

P. 44.   52. Cf. *Laus Pis.* 100-1 : *plenus grauitate serena | uultus* ; Sil. 8, 609-11 : *laeta uiro grauitas ac mentis amabile pondus | et sine tristitia uirtus. Non ille rigoris | ingratas laudes nec nubem frontis amabat* ; Calp. 5, 46-7 : *modo fronte serena | blandius arrisit.*

53. Cf. Virg., *Buc.* 2, 32, et 3, 25-26 ; Calp. 3, 26, et 4, 19-20.

54. *Fallere curas* : cf. Ov., *Trist.* 3, 2, 16 : *fallebat curas.*

55. Cf. Virg., *Georg.* 1, 124 : *nec torpere graui passus sua regna ueterno* ; *Buc.* 8, 24 : *Panaque, qui primus calamos non passus inertes* ; Calp. 4, 165 : *et meritae faueat deus ipse iuuentae* ; Ov., *Met.* 13, 101 : *si semel ista datis meritis tam uilibus arma*, et *Pont.* 2, 9, 61 : *ne tua marcescant per inertes otia somnos.*

56. Cf. Virg., *Aen.* 11, 97-98 : *salue aeternum... | aeternumque uale.*

57. Cf. Virg., *Buc.* 5, 66 sq.

P. 45.   65. *respondent siluae* : cf. Virg., *Buc.* 10, 8 : *respondent omnia siluae.* — J'ai conservé *armenta*, la leçon des manuscrits : le développement sur les arbres me paraît délimité par les mots *siluestris* (= *in silua*) et *siluae*, et je crois que Némésien — Thymoetas, pour montrer que l'univers entier fait l'éloge de Mélibée, y associe délibérément les animaux... tout comme Virgile, *Buc.* 5, 27-28, faisait gémir les lions lors de la mort de Daphnis.

66. Cf. Virg., *Buc.* 1, 59 sq., et Prop. 2, 3, 5 sq.

67. Cf. Virg., *Buc.* 4, 30 : *et durae quercus sudabunt roscida mella* (cf. aussi 8, 54). — Sur l'if que les Anciens croyaient vénéneux et nuisible à la qualité du miel, voir Virgile, *Buc.* 9, 30 ; *Georg.* 2, 257, et 4, 47 ; Columelle, 9, 4, 3.

68. *Confusis legibus anni* : cf. Sen., *Med.* 757 : *lege confusa aetheris.*

69. *Messem tristis hiems* : cf. Sen., *Herc. O.* 469 : *et bruma messes uideat* (cf. aussi *Med.* 761 ; Virg., *Georg.* 4, 135 ; Ov., *Ib.* 37 ; *Rem.* 187 sq).

DEUXIÈME BUCOLIQUE

P. 47.   7. *Dulci... furto* : cf. Virg., *Georg.* 4, 346 : *dulcia furta* ; *Dirae*, 2, 59 (162) : *dulcia cum Veneris furatus gaudia*, et 65 (168) : *gaudia libauit dulcem furatus amorem* (cf. aussi Tib. 1, 2, 34 ; Prop. 4, 8, 34 ; etc.).

8. Cf. Ov., *Met.* 9,720 : *hinc amor amborum tetigit rude pectus* ; *Trist.* 3, 8, 11 : *uotis puerilibus.*

9. *Mens et cura iuuentae* : cf. Tib. 2, 6, 51, et 3, 3, 21 : *mentes hominum curaeque* (cf. aussi Stat., *Silu.* 2, 1, 57).

10. *Tenui filo...sonaret* : cf. Ov., *Epist.* 7, 102 : *ipse sono tenui dixit.*

11. Improba quia uirum experta est, explique J. C. WERNS-DORF, dans l'*excursus* qu'il a consacré à ce passage. Les Anciens croyaient que le cou d'une femme grossissait, dès qu'elle perdait sa virginité. Cf. Catull. 64, 376-377 : *Non illam nutrix orienti luce reuisens / hesterno collum poterit circumdare filo.*

12. Les éditeurs, pour la plupart, interprètent : « et que le son grave de sa voix... étaient inquiets », c'est-à-dire « trahissaient son inquiétude ». Mais, en m'appuyant sur Cic., *Lael.* 52 : *(in uita tyrannorum) ... omnia suspecta atque sollicita, nullus locus amicitiae*, où *sollicita* ne peut que signifier « objet d'inquiétude », je crois qu'on peut comprendre : « et que le son grave de sa voix... donnaient de l'inquiétude à ses parents ».

13. *Ardentes flammati pectoris aestus* : cf. Ov., *Met.* 11, 332 : *ut uero ardentem uidit* ; Stat., *Theb.* 7, 740 : *tunc uero ardenti* ; Sen., *Thy.* 855 : *Leo flammiferis aestibus ardens.*

P. 48.   25. Cf. Virg., *Buc.* 5, 24-6 : *non ulli pastos illis egere diebus / frigida, Daphni, boues ad flumina, nulla neque amnem / libauit quadrupes nec graminis attigit herbam.*

P. 49.   32. Compte tenu du contexte, il ne peut s'agir que de la *pallens uiola*, qui selon E. de SAINT-DENIS, *Les Bucoliques de Virgile*, Paris, Les Belles Lettres, 1942, p. 30, et J. ANDRÉ, *Lexique des termes de Botanique en Latin*, Paris, Klincksieck, 1956, p. 331, est une giroflée et non une violette. — *Pallidior... erro* : cf. Calp. 3, 45 : *iam pallidus*, et 3, 50 : *tabidus erro* (cf. aussi Ov., *Met.* 4, 134-135).

33. *Pocula Bacchi* : cf. Virg., *Aen.* 3, 354, et Ov., *Fast.* 3, 301.

34. Cf. Calp. 3, 51 : *te sine, uae misero, mihi lilia nigra uidentur.*

35. Il s'agit probablement ici de la jacinthe. Mais le terme peut également désigner le glaïeul. Cf. J. ANDRÉ, *op. cit.*, p. 165. — *Dulce rubens hyacinthus* : cf. Virg., *Buc.* 3, 63 ; Stat., *Theb.* 4, 274 ; *Silu.* 2, 1, 133.

36. Cf. Calp. 3, 53 : *at si tu uenias, et candida lilia fient.*

37. *Purpureaeque rosae* : cf. Hor., *Carm.* 3, 15, 16 : *flos purpureus rosae* ; Catull. 64, 49 : *tincta tegit roseo conchyli purpura fuco.*

38. *Myrtus nec laurus* : cf. Virg., *Buc.* 2, 54 : *lauri...et te ... myrte.*

39. *Pallas amat* : cf. Luc. 9, 350, et Mart. 12, 98, 3.

40. Cf. Virg., *Buc.* 5, 76-80.

P. 50. 48. Montagne de Sicile sur laquelle se trouvait un temple consacré à Aphrodite-Vénus. Cf. Ov., *Am.* 3, 9, 45 ; *Ars*, 2, 420. — De ces vers 56-57, J. C. WERNSDORF concluait que le berger Alcon, qui représente peut-être le poète (cf. v. 85), était sicilien. Mais I. CAZZANIGA, *Agni o Tauri in Peruigilium Veneris*, in *Istituto Lombardo di Scienze e Lettere*, 87, Milan, 1954, p. 11-12, considère qu'il faut se garder de tirer un enseignement de ce qui n'est qu'un poncif poétique.

49. *Hominum... saeclis* : cf. Lucr. 1, 467, et 5, 339 : *saecla... hominum.*

50. *Quid merui ?* : cf. Virg., *Aen.* 4, 317 ; Tib. 2, 4, 5 ; Prop. 1, 18, 9, etc.

51. *Munera... dedi* : cf. Prop. 2, 8, 11, et Ov., *Epist.* 2, 110.

52. *Vocalem... aedona* : cf. Calp. 6, 8.

53. *Contexto uimine clausa* : cf. Stat., *Theb.* 1, 583-4 : *et uimine querno | texta domus* ; Mart. 9, 72, 3 : *clausa... texto... uimine.*

54. Cf. Virg., *Georg.* 3, 194 : *per aperta uolans ceu liber habenis.*

55. Cf. Stat., *Silu.* 2, 5, 4 : *abire domo rursusque in claustra reuerti* (cf. aussi Virg., *Aen.* 7, 490 sq.). — *Domum tectumque subire* : cf. Ov., *Met.* 6, 669 ; Stat., *Silu.* 2, 2, 55.

56. *Praeponere siluis* : cf. Hor., *Sat.* 2, 6, 92.

57. Cf. Calp. 3, 76-8 : *tibi saepe palumbes | saepe etiam leporem decepta matre pauentem | misimus in gremium* ; Virg., *Buc.* 3, 70-71 : *quod potui... | misi.*

P. 51. 67. *Pascimus... crinem* : cf. Virg., *Aen.* 7, 391, et Stat., *Theb.* 8, 492 : *pascere crinem.*

68. Cf. Calp. 3, 61-62 : *formosior illo |dicor, et hoc ipsum mihi tu iurare solebas.*

69. *Purpureas... genas... lactea colla* : cf. Ov., *Am.* 1, 4, 22, et Stat., *Theb.* 1, 538 ; Virg., *Aen.* 8, 660, et Stat., *Silu.* 2, 1, 50.

70. *Atque hilares oculos* : cf. Calp. 6, 15 : *et ridens oculis.*

71. Cf. Calp. 4, 62-63 : *Tityrus hanc habuit, cecinit qui primus in istis | montibus* ; 4, 160-1 : *tum mihi talis eris, qualis qui dulce sonantem | Tityron e siluis dominam deduxit in Vrbem.* — Tityre désigne peut-être ici Virgile, comme chez Calpurnius.

72. Tous les éditeurs adoptent la leçon *cantabimur*, et interprètent : « la renommée de ma poésie parviendra à Rome ». Mais les vers 82-84 semblent bien indiquer qu'Alcon représente le poète. N'est-il pas dès lors logique d'admettre que, comme en 1, 82-83, il souhaite aller chanter lui-même à Rome ? Je préfère donc conserver la leçon *cantabimus*, qui est celle des meilleurs manuscrits. — *Cantabimus urbi* : cf. Hor., *Sat.* 2, 1, 46 : *tota cantabitur urbe* ; Ov., *Trist.* 4, 10, 59 ; Stat., *Silu.* 1, 2, 197.

73. Ce vers n'a pas éveillé la méfiance des éditeurs qui font de *cupressos* le sujet de *frondescere*. Mais si l'on veut respecter et la vérité biologique (le viorne est plus petit que le cyprès) et le parallélisme avec le vers suivant, c'est *uiburna* que l'on doit, au mépris de l'ordre des mots, puisqu'il est immédiatement précédé de *inter*, donner comme sujet à l'infinitive. Némésien s'est-il amusé, tout en reprenant, dans le même ordre, presque tous les termes de Virgile, *Buc.* 1, 25 : *Quantum lenta solent inter uiburna cupressi*, à en inverser les fonctions ?

TROISIÈME BUCOLIQUE

P. 53. 7. Cf. 2, 6-7.

8. Cf. 1, 16.

9. *Sonitu stridentis auenae* : cf. Calp. 3, 60 : *et acerbae stridor auenae*.

10. Cf. Virg., *Buc.* 6, 21 : *iamque uidenti*, et 6, 25 : *carmina, quae uultis, cognoscite*.

11. *Inflare cicutas* : cf. Lucr. 5, 1383.

12. *Maenaliis... sub antris* : cf. *Copa*, 9 : *Maenalio... sub antro*. — Le Ménale est une montagne d'Arcadie, séjour favori de Pan, et berceau de la pastorale.

P. 54. 20. *Ora professum* : cf. Ov., *Ars*, 3, 433 : *formamque professos*.

21. *Pater omnipotens* : cf. Stat., *Theb.* 1, 248. — *Venturi prouidus aeui* : cf. Virg., *Aen.* 8, 627 : *haud... uenturi inscius aeui*.

22. Contrée ou ville que les Anciens situaient en Afrique ou en Inde.

23. *Gremio fouet* : cf. Virg., *Aen.* 1, 718 ; Stat., *Silu.* 2, 1, 121 : *gremio... fouebat*.

P. 55. 37. *Quae fors dedit* : cf. Virg., *Aen.* 7, 554 : *quae fors prima dedit*.

38. Cf. Prop. 4, 9, 36 : *et caua suscepto flumine palma sat est*.

P. 56. 49. *Vberibus... siccare fluorem* : cf. Calp. 3, 66 : *siccetur bucula mulctris*.

50. Cf. Calp. 2, 70 : *niueus premitur mihi caseus*.

QUATRIÈME BUCOLIQUE

P. 57.   8. Cf. Luc. 9, 388-9 : *neque enim mihi fallere quemquam /
est animus.* — *Solitos ad ludere fontes* : cf. Ov., *Fast.* 3, 303 :
ad solitos... fontes.

9. *Adederat ignis* : cf. Prop. 4, 7, 9 ; Ov., *Am.* 1, 15, 41 : *ade-
derit ignis.*

10. Cf. Virg., *Buc.* 2, 4-5 : *ibi haec incondita solus / montibus
et siluis studio iactabat inani.*

P. 58.   16. Cf. Virg., *Buc.* 2, 17 : *O formose puer, nimium ne crede
colori* ; Ov., *Ars,* 2, 115-116 : *nec uiolae semper nec hiantia lilia
florent / et riget amissa spina relicta rosa.*

17. Cf. Ov., *Ars,* 2, 113-114 : *Forma bonum fragile est, quan-
tumque accedit ad annos / fit minor et spatio carpitur ipsa suo* ;
Sen., *Phaedr.* 761-3 : *anceps forma bonum mortalibus / exigui
donum breue temporibus / ut uelox celeri pede laberis !*

18. Cf. Ov., *Met.* 9, 732 : *urit oues aries, sequitur sua femina
ceruum* ; *Ars,* 2, 483 : *cerua parem sequitur.*

P. 59.   22. *Omnia... tempus rapit* : cf. Virg., *Buc.* 9, 51 : *omnia fert
aetas* ; Ov., *Met.* 15, 234 : *tempus edax rerum* ; etc. — *In arto* :
cf. Ov., *Met.* 9, 683 ; Sen., *Herc. F.* 1307.

23. *Ver erat* : cf. Virg., *Georg.* 2, 338 : *uer illud erat.*

24. Cf. Ov., *Am.* 2, 12, 25 : *uidi ego pro niuea pugnantes coniuge
tauros* ; Virg., *Georg.* 3, 217-8 : *et saepe superbos / cornibus inter
se... decernere amantes.*

25. *Tumidae nares* : cf. Val. Fl. 1, 221 : *tumidis... e naribus.*

26. Cf. *Laus Pis.* 70 : *cum tua bis senos numerant purpura fasces.*

27. Cf. Virg., *Buc.* 2, 8-13.

28. *Huc, Meroe..., ueni* : cf. Virg., *Buc.* 9, 39 : *Huc ades, o
Galatea.*

29. *Cantat auis* : cf. Ov., *Am.* 1, 13, 8 ; Tib. 2, 5, 12 : *cantet
auis.*

30. *Torto... squamea tractu* : cf. Virg., *Georg.* 2, 154 : *squameus
in spiram tractu se colligit anguis.* — *Signat humum* : cf. Hor.,
Ars, 159 ; Prop. 4, 7, 40.

P. 61.   48. Cf. Virg., *Buc.* 8, 101-102 : *Fer cineres, Amarylli, foras,
riuoque fluenti / transque caput iace, nec respexeris* ; Tib. 1, 5,
11 : *ipseque te circum lustraui sulpure puro,* et 2, 5, 81 : *et succensa
sacris crepitet bene laurea flammis* ; Virg., *Buc.* 8, 82 : *et fragiles
incende bitumine laurus.*

49. Cf. Virg., *Buc.* 8, 83 : *Daphnis me malus urit* ; Ov., *Epist.*
12, 33 : *nec notis ignibus arsi* ; Hor., *Carm.* 3, 47, 10-11 : *et mise-
ram tuis / dicens ignibus uri.*

50. Cf. v. 63 ; *Ciris,* 371 : *terque nouena ligans triplici diuersa
colore.*

51. Cf. Gratt. 405 : *curalia et magicis adiutas cantibus herbas.*

II. CYNÉGÉTIQUES

LES CYNÉGÉTIQUES

La date de composition. C'est grâce aux vers 63-85 que nous sommes en mesure d'établir la date de composition des *Cynégétiques*.

Ces vers, qui constituent la dédicace du poème aux deux fils de Carus, Carin et Numérien [1], célèbrent l'éclat des victoires remportées par le père et par ses fils : Carus en effet, proclamé empereur par ses soldats à la fin du mois d'août ou au début du mois de septembre 282, s'était aussitôt adjoint ses deux fils en qualité de Césars [2]. Il chargea l'aîné, Carin, de le représenter en Occident et de défendre la Gaule contre les Germains, puis emmena le cadet, Numérien, avec lui en Orient. Après avoir battu les Quades dans la région du Danube, il passa en Asie, s'empara de Séleucie, conquit sans difficulté la Mésopotamie et s'avança jusqu'à Ctésiphon. Il mourut, dans des conditions mystérieuses, entre juillet et septembre 283.

Ses deux fils prirent alors le titre d'Augustes et aussitôt après, en 284, celui de consuls. Quelles sont les victoires que Carin remporta *sub Arcto* (v. 69) ? Nous

1. Numérien n'est pas nommément désigné au vers 71 : *utque... frater*, sans doute parce que le mot *Nŭmĕrĭānus* n'entre pas dans l'hexamètre.
2. L'étude la plus détaillée de cette période historique a été donnée par P. Meloni, *Il regno di Caro, Numeriano e Carino*, in *Annali della Facolta di Lettere, Filosofia e Magistero della Università di Cagliari*, XV, 2, 1948. Les principales sources anciennes sont l'*Histoire Auguste, Carus et Carinus et Numerianus* ; Sextus Aurelius Victor, *De Caesaribus*, 38-39 ; l'*Epitome de Caesaribus*, 38-39, faussement attribué à Aurelius Victor ; Eutrope, *Breuiarium Historiae Romanae*, 9, 18 sq. ; Orose, *Historiarum aduersus Paganos Libri VII*, 7, 24, et Zonaras, *Epitome Historiarum XII*, 12, 30 sq.

l'ignorons [1]. Mais il est constant que celles de Numérien
n'ont jamais existé que dans l'imagination du poète,
car il attribue au fils les succès du père. Numérien, en
effet, était un faible et un malade, qui avait abandonné
le commandement à son beau-père, le préfet du prétoire
Arrius Aper. Un jour, peut-être le 17 novembre 284,
on le trouva sans vie dans sa tente. Déclaré coupable
de sa mort, Aper fut exécuté par Dioclétien, qui, proclamé
à son tour empereur par les soldats, gagna l'Europe
pour marcher contre le frère de Numérien. Carin, après
avoir tué, près de Vérone, M. Aurelius Iulianus, gouver-
neur de la Vénétie, qui lui disputait aussi le trône, et
remporté, sur les rives du Margus, en Mésie, un succès
sur Dioclétien, fut massacré par ses soldats au début
de l'été 285 [2].

Si nous rapprochons ces événements des vers 68-85,
il paraît assez facile de donner aux *Cynégétiques* un
terminus ante quem : le fait que le poète manifeste, aux
vers 77 sq., son impatience d'assister à la cérémonie
triomphale des deux frères prouve bien que Numérien
est encore en vie : le poème ne peut donc pas avoir été
écrit après novembre 284. Le *terminus post quem* doit

1. Je ne crois pas pourtant que Némésien les ait totalement
inventées pour étoffer son panégyrique, car il les évoque avec
trop d'insistance (*nuper, felici manu, confeceris, ipso paene prior
genitore deo*). D'autre part, nous savons par les monnaies et les
inscriptions (cf. P. MELONI, *op. cit.*, p. 118 et 150-1) que le père
et les fils ont porté les titres de *Persicus maximus, Parthicus
maximus, Germanicus maximus* et *Britannicus maximus*. Si les
deux premiers correspondent aux exploits de Carus et à la rigueur
de Numérien, les deux autres ne peuvent que rappeler ceux de
Carin. Il est donc vraisemblable qu'il a mené campagne en Germanie et en Angleterre. Il reste que les historiens anciens qui
représentent nos sources (cf. la note précédente) n'ont pas mentionné ces victoires. Faut-il attribuer ce manque d'objectivité
à la haine qu'ils avaient pour Carin, dont ils ont tous fait un
débauché, ou à leur désir de flatter les dynasties postérieures ?
2. Ainsi, seul le vers 68 : *principium Nilique bibunt in origine
fontem* travestit la vérité historique. Mais il faut faire la part
de la flatterie. Le vers 67 en effet, s'il désigne trois des victoires
remportées par les fils de Carus, désigne également trois des limites
de l'*orbis romanus* : il était tentant pour le poète d'y ajouter
la quatrième.

être fixé par la mort de Carus, intervenue entre juillet et septembre 283, puisque, à deux reprises, au vers 64 : *diui... Cari*, et au vers 71 : *... ipso... genitore deo...*, Némésien fait de Carus une divinité. Or nous savons [1] que cet empereur fut divinisé après sa mort. De plus, les vers 77 : *... uultus sacros, bona numina terrae...*, et 81 : *augustos... habitus*, semblent bien faire allusion au titre d'Augustes que prirent les deux frères à la mort de leur père. De ces éléments concordants je déduis que les *Cynégétiques* furent composées entre juillet-septembre 283 et novembre 284.

J. C. Wernsdorf [2], toutefois, estimait que l'intervalle du temps écoulé entre la mort de Carus et celle de Numérien était trop bref pour permettre la composition d'une œuvre aussi longue que les *Cynégétiques*. Il considérait d'autre part que, si Numérien avait cherché à rivaliser avec Némésien, c'était que la renommée de ce poète, due aux Ἁλιευτικά, Κυνηγετικά et Ναυτικά, était bien établie. Alléguant enfin que les vers 68-85 pourraient être supprimés [3] sans affecter en rien l'économie du *prooemium*, il concluait que le poème avait été achevé du vivant de Carus et que la partie de l'exorde développant les exploits des fils avait été ajoutée après la mort du père et publiée avant l'annonce de celle de Numérien.

De ces hypothèses, la première est purement gratuite : rien ne permet de deviner le nombre de vers que comptait le poème au delà des 325 vers que nous connaissons ; mieux même, on ne saurait affirmer que Némésien l'a conduit à son terme [4]. On peut également faire observer qu'il s'est à peu près passé une année entière entre la mort de Carus et celle de Numérien. La seconde n'est

---

1. Cf. P. Meloni, *op. cit.*, p. 118-119.
2. J. C. Wernsdorf, *op. cit.*, *Excursus VIII ad Nemesianum*, p. 255.
3. R. Stern, *Gratii Falisci et Olympii Nemesiani carmina venatica cum duobus fragmentis de Aucupio*, Halle, Waisenh. — B. Druckvelinp., 1832, p. 32-33, appuie d'autant plus la théorie de Wernsdorf qu'il estime que le style des vers 63-85 est fort différent de celui du reste du poème. Argument sans valeur, puisque ces vers sont destinés à glorifier des faits de guerre.
4. Voir *infra*, p. 78.

guère plus vraisemblable, car elle procède d'une mauvaise interprétation de la phrase de Vopiscus. Celui-ci, en effet, énumère bien celles des œuvres du poète qui l'ont rendu célèbre, mais ne donne aucune précision chronologique sur l'époque à laquelle Némésien a acquis cette célébrité. Allons plus loin pourtant et admettons que les *Cynégétiques* aient bien été terminées avant la mort de Carus. Puisque, dans leur état actuel, elles contiennent une dédicace à Carin et à Numérien, pourquoi, dans un état primitif éventuel, n'en comporteraient-elles pas une qui soit adressée à Carus et à ses fils [1], ou même à Carus seul ? Dans les deux cas, il suffisait au poète de modifier cette dédicace, sans qu'il fût besoin, comme le voudrait Wernsdorf, d'en composer une autre. Quant à la dernière hypothèse du critique allemand, elle est, en apparence, plus solide. En réalité, il suffit, pour l'écarter, de prouver que Némésien a suivi de près un modèle plus ancien. Or on s'aperçoit, si l'on compare [2] l'exorde des *Cynégétiques* et le début du Livre III des *Géorgiques*, que Némésien a beaucoup emprunté à Virgile. Plus précisément encore, on peut démontrer que le plan de l'exorde des *Cynégétiques* est calqué sur celui de l'exorde du livre III des *Géorgiques* [3].

Les vers 1-3 de Némésien, comme les vers 1-2 de Virgile, proposent le sujet du poème. Viennent ensuite, chez Virgile (vers 3-8), le refus de traiter des thèmes mythologiques usés, puis (vers 8-12) l'affirmation que le poète va créer une œuvre originale. Nous retrouvons exactement les mêmes développements chez Némésien, mais

1. Leurs faits d'armes sont en effet étroitement liés.
2. Si B. Luiselli, *Il proemio del Cynegeticon di Olimpio Nemesiano*, in *S.I.F.C.*, XXX, 1958, p. 73-95, a eu l'idée de faire cette comparaison, E. Paratore, *Virgilio georgico e Lucano*, in *A.S.N.P.*, XII, 1943, p. 45, lui avait ouvert la voie, en signalant que les *prooemia* des livres I et III des *Géorgiques* de Virgile avaient servi de modèles à Lucain, à Stace, pour la *Thébaïde*, et à Valérius Flaccus.
3. Pour cette démonstration, je ne tiens pas compte des vers 85-102 des *Cyn.*, c'est-à-dire de l'invocation à Diane. Chez Virgile en effet, l'invocation générale aux dieux favorables à l'agriculture se situe, comme il est normal, au Livre I.

dans un ordre inversé : aux vers 3-14, le poète annonce qu'il va faire œuvre nouvelle, aux vers 15-47, il proclame qu'il délaisse les poncifs mythologiques.

Les vers 13-48 de Virgile se décomposent en trois parties :

— Vers 13-39 : le poète décrit le temple qu'il va consacrer à César-Octave, à qui il apportera des offrandes, puis la course et les processions rituelles qui en rehausseront l'inauguration ; et, profitant de cette description, il évoque les victoires remportées par le futur empereur.

— Vers 40-45 : Virgile attribue à Mécène le mérite de l'avoir invité à parcourir les forêts et les clairières des Dryades, le Cithéron, le Taygète et l'Argolide.

— Vers 46-48 : le poète révèle enfin son intention de chanter les exploits d'Octave.

A quelques modifications près, nous retrouvons les mêmes éléments chez Némésien, mais, cette fois encore, dans un ordre différent : aux vers 48-58, le poète déclare qu'il va parcourir les plaines et les clairières à la recherche de son gibier favori. Ces vers correspondent exactement aux vers 40-45 de Virgile, à condition de supprimer, comme il se doit, l'allusion à Mécène.

Après une image (v. 58-63) qui tient lieu de transition[1], du vers 64 au vers 75, le poète exprime son intention de chanter les victoires de Carin et de Numérien, qu'il passe aussitôt en revue. Il se contente donc ici de réunir ce que Virgile avait dissocié.

Enfin, du vers 76 au vers 85, Némésien, après avoir promis aux jeunes empereurs de leur offrir son poème, imagine à l'avance la solennité de leur triomphe futur. C'est ce que nous trouvions déjà chez Virgile, aux vers 13-39, la fondation du temple exceptée.

Comment cette comparaison[2] n'inciterait-elle pas à

---

1. Cette image est, selon moi, le *paulo maiora canamus* de Némésien et permet de situer les *Cynégétiques* par rapport aux *Bucoliques* (voir *supra*, p. 13).

2. On pourrait peut-être encore noter que, si l'on ne tient toujours pas compte des vers 85-102, l'allusion aux origines divines

conclure qu'il est bien difficile de prétendre que les vers 63-85 ont été introduits dans l'exorde après coup ? J'ajouterai que, si, dans une première composition, ces vers avaient été absents de l'exorde, le poète aurait failli au devoir, imposé par une longue tradition aux écrivains romains de l'époque impériale, de participer au culte officiel du prince.

L'état présent de l'œuvre. Pour bien suivre l'évolution poétique de Némésien, il faudrait avoir conservé au moins un poème complet. Or, certains indices donnent à penser que les 325 vers que nous possédons ne constituent qu'un fragment des *Cynégétiques*. Tout d'abord, les 102 premiers vers — l'exorde — paraissent hors de proportion avec les quelque 220 vers qui les suivent. Comment admettre que le poète ait commis une faute aussi flagrante contre les règles de la composition et les exigences du goût ? Il est également surprenant que Némésien, aux vers 237-238, annonce qu'il va bientôt célébrer les qualités des chiens toscans :

Horum animos moresque simul naresque sagaces mox referam...

et s'en tienne là, privant ainsi le lecteur du développement promis. Troisième inconséquence : nous serions à la fin du poème et le poète nous allècherait, dans ses derniers vers, par l'espoir du récit d'une journée de chasse !

Tous les éditeurs et critiques ont considéré que, puisque Vopiscus avait cité les *Cynégétiques*, Némésien avait achevé son œuvre. Si cela paraît vraisemblable, il y a, toutefois, lieu de signaler quelques détails qui font songer, sinon à un état inachevé, du moins à une rédaction hâtive de l'œuvre. Les vers 239-240 en effet,

... Nunc omnis adhuc narranda supellex uenandi cultusque mihi dicendus equorum

d'Auguste d'une part, de Numérien et de Carin de l'autre, se trouve, dans les deux poèmes, pratiquement au même endroit, soit aux trois quarts de l'exorde.

semblent annoncer que le poète va traiter d'abord des
filets de chasse, puis des chevaux : or il commence...
par les chevaux. De même, s'il ne s'agit pas d'une interpolation due à un copiste [1], les vers 224-230 ne sont
manifestement pas, dans les manuscrits, à la place que
la logique leur assignerait [2]. Sans doute, le poète eût-il
profité d'une seconde lecture pour corriger ces imper
fections. Au total, nous en sommes réduits à ces quelques
remarques et aux aperçus qu'elles suggèrent. Chercher,
en se fondant sur elles, à restituer le poème complet
des *Cynégétiques* dans sa forme définitive, serait, sinon
impossible, du moins aventureux.

Les sources. Pour déterminer avec exactitude les sources [3] de Némésien, il faudrait être en
possession de la littérature cynégétique impériale, grecque
autant que latine. Or, nous en avons perdu la plus grande
partie [4].

De plus, même si on se limite aux œuvres connues,
on découvre vite que le poète pratique assidûment
une manière de *contaminatio* entre sources proprement
dites d'une part, modèles ou réminiscences littéraires
d'autre part. Il suffit de lire la partie didactique de l'œuvre
pour en trouver quelques exemples caractéristiques.
La description du cheval de Cappadoce, v. 243-258,

1. Point de vue de M. Haupt, *op. cit.*, p. 404-405 : l'auteur
de cette interpolation serait le copiste de l'archétype. Mais ses
calculs sont trop spécieux pour convaincre.
2. Ils interrompent en effet de manière incongrue un développement sur l'élevage des chiots.
3. La description de Diane, v. 86-93, et celle des oiseaux
des marais de Libye, v. 315-320, par exemple, me paraissent
devoir plus à des monuments figurés qu'à des œuvres littéraires.
4. Cf. J. Aymard, *op. cit.*, p. 49 : « De cette masse d'érudites
dissertations, tout a pratiquement disparu ; seuls des noms ont
parfois survécu avec l'influence que ces compilateurs ont exercée
sur les polygraphes et les auteurs des traités de cynégétique
grecs et romains de l'époque impériale : Archélaos d'Alexandrie,
Nicandre, Callisthénès dont les *Cynegetica* sont mentionnés
par Plutarque, tant d'autres encore... ».

est ainsi calquée presque mot pour mot sur celle de Virgile, *Georg.* 3, 73-94. Et voici qu'on y rencontre, non sans surprise, deux qualités : *immodicum latus*, v. 244, et *plurima ceruix*, v. 247, que Virgile avait attribuées... à la génisse ! Aux vers 299-320, Némésien donne des conseils pour la fabrication des filets de chasse. Le passage n'est probablement qu'un amalgame relevant de modèles littéraires ; mais il est assez précis pour que l'on puisse prétendre qu'il procède des *Cynégétiques* de Xénophon et peut-être même de l'*Onomasticon* de Julius Pollux [1].

Si on admet encore que l'appréciation d'un rapprochement est souvent subjective, en particulier quand ce rapprochement ne se fonde que sur quelques mots [2], on comprendra la prudence dont j'ai fait preuve en dressant le tableau suivant [3].

I. Les chiens

a) *Les races.*

— Molosse et Laconien (v. 106-113) : Némésien a vraisemblablement emprunté au portrait du chien idéal donné par Grattius, v. 269 sq. [4], et Oppien, *Cyn.* 1,

1. Les détails que donne Pollux en 5, 265 sq., montrent qu'en ce domaine la technique n'avait guère évolué depuis l'époque de Xénophon.
2. Les textes permettant d'établir ces rapprochements sont donnés dans les notes.
3. J'ai volontairement écarté de cette étude le *prooemium*, qui n'est pas didactique.
4. Les *Cynégétiques* de Grattius représentent à coup sûr celle des sources de Némésien qui a été le plus controversée. C'est G. CURCIO, *Il Cynegeticon di M. A. Olympio Nemesiano*, in *R.F.I.C.*, XXVII, 1899, p. 447-462, qui a prétendu le premier que Némésien n'avait pas utilisé les *Cynégétiques* de Grattius et qu'il ne les connaissait probablement pas. Il refusait d'accepter la liste des similitudes entre les deux œuvres qu'avait établie M. FIEGL, *Des Grattius Faliskus Cynegetica, seine Vorgänger und seine Nachfolger*, Görtz, 1890, en alléguant les prétextes suivants : on ne retrouve pas textuellement Grattius sous la plume de Némésien. Le plan des deux œuvres est dissemblable, ce qui me paraît plutôt devoir être mis à l'actif de Némésien. Les races de chiens et de chevaux que mentionnent les deux poètes sont

409. Quelques détails peuvent venir de Varron, *R.R.* 2, 9, 4, et Xénophon, *Cyn.* 4, 1.

— Breton (v. 225-226) : aucune source sûre, si l'on accepte l'identification proposée par J. Aymard.

— Pannonien (v. 227) : aucune source connue.

— Ibère (v. 228) : animal cité par Oppien, *Cyn.* 1, 371, et Julius Pollux, *Onomasticon*, 5, 37, mais dont l'identification est particulièrement incertaine.

— Libyen (v. 229-230) : s'il s'agit bien du sloughi, pas de source sûre. Les Αἰγύπτιοι d'Oppien, *Cyn.* 1, 374-5, sont sans doute des chiens de garde.

— Etrusque (v. 231-236) : pas de source sûre, si on accepte l'identification proposée par J. Aymard.

b) *L'élevage.*

— Choix des reproducteurs (v. 108) : pas de source nette. Némésien ne suit pas Grattius, v. 193 sq., qui préconise le mélange des races.

— Age qui convient le mieux à la reproduction (v. 115-118) : peut-être Columelle, 7, 12, 11.

presque totalement différentes. Enfin, le vocabulaire descriptif de Grattius est plus riche que celui de Némésien. On est surpris de constater que D. MARTIN, *The Cynegetica of Nemesianus*, Cornell University, 1917, p. 15, dont le jugement est si souvent exact, a repris à son compte, sans la moindre restriction, les arguments de G. CURCIO, alors qu'il est si facile de les réfuter. Cette réfutation a été faite par S. ROSSI, *I Cinegetici di Nemesiano e Grazio Falisco*, Messine, Trimarchi, 1900, qui a donné un tableau plus étendu encore que celui de FIEGL des ressemblances qu'il avait décelées entre les deux œuvres. Enfin P. J. ENK, *De Grattio et Nemesiano*, in *Mnemosyne*, XLV, 1917, p. 53-68, F. MULLER, *Ad Nemesianum*, in *Mnemosyne*, XLVI, 1918, p. 329-333, R. VERDIÈRE, *Gratti Cynegeticon Libri I quae supersunt*, Wetteren, Universa, 1964, II, p. 325-327, ont démontré qu'il y avait un rapport entre les vers 138-139 de Némésien :

> *pondere nam catuli poteris perpendere uires*
> *corporibusque leues grauibus praenoscere cursu,*

et les vers 298-299 de Grattius :

> *Illius et manibus uires sit cura futuras*
> *perpensare : leuis deducet pondere fratres.*

C'est aussi mon avis, comme je l'explique dans l'appendice I.

— Différence d'âge entre le mâle et la femelle (v. 119-122) : pas de source connue.

— Epoque de l'année la plus favorable aux naissances (v. 103-105) : peut-être Xénophon, *Cyn.* 7, 1.

— Suppression de la première portée (v. 127-128) : peut-être Columelle, 7, 12, 2.

— Nécessité d'opérer un choix dans la portée suivante (v. 133-134) : Grattius, v. 287-289.

— Méthodes pour opérer ce choix : 1) — par le poids (v. 138-139) : Grattius, v. 298-299. 2) — par le feu (v. 140-150) : aucune source connue. Cette épreuve du feu se retrouve, identique, dans le fragment que nous possédons du Κυνοσόφιον du médecin de Michel VIII Paléologue (1260-1282), Démétrios de Constantinople, qui, selon A. Reinach [1], avait utilisé une paraphrase, aujourd'hui perdue, des Ἰξευτικά de Dionysios. Némésien a-t-il puisé à la même source alexandrine ? Tel n'est pas l'avis de D. B. Hull [2], qui lui attribue l'invention du procédé considéré.

— Nourriture en fonction de l'âge (v. 151-164 et 175-176) : Virgile, *Georg.* 3, 405-6 ; Varron, *R.R.* 2, 9, 10 ; Xénophon, *Cyn.* 7, 4, et peut-être Grattius, v. 307.

c) *Le dressage.*

— Vers 177-178 : Virgile, *Georg.* 3, 167-9, et Varron, *R.R.* 1, 21.

— Vers 179-192 : pour l'âge, pas de source sûre. Pour la méthode, D. Martin croyait à une analogie avec celle d'Arrien, *Cyn.* 25, 1. Je pense plutôt à une ressemblance avec celle de Xénophon, *Cyn.* 5, 18.

d) *Les maladies.*

— *Scabies* (v. 195-202) : Traitement 1) application d'un mélange d'huile et de vinaigre : Varron, *R.R.*

---

1. A. REINACH, *Daremberg et Saglio*, V, s.u. *Venatio*, p. 693, n. 14.
2. D. B. HULL, *Hounds and Hunting in Ancient Greece*, The University of Chicago Press, 1964. p. 46.

2, 1, 23. 2) exposition au soleil : Grattius, v. 421-2, et peut-être Sérénus Sammonicus, 80, pour le vers 201. 3) excision, au moyen d'une lame de couteau passée au feu, des îlôts cutanés malades : probablement Virgile, *Georg.* 3, 452-454, et Calpurnius Siculus, 5, 72-76.

— *Rabies* (v. 203-223) : 1) origine et symptômes de la maladie : trop de sources possibles pour que l'on puisse se prononcer ; on a même souvent l'impression de se trouver en présence de modèles littéraires. 2) traitement : pas de source sûre.

II. Les chevaux.

a) *Les races.*

— Grèce et Cappadoce (v. 240-250) : description semblable à celle que Virgile, *Georg.* 3, 79 sq., a tracée du poulain idéal.

— Espagne (v. 251-258) : Némésien, s'il semble suivre ici Grattius, v. 513-517, et Oppien, *Cyn.* 1, 278-288, ne signale pas toutefois les défauts que ses prédécesseurs avaient reprochés à ces chevaux.

— Mauritanie et pays mazace (v. 259-282) : Grattius, v. 517-522, et Oppien, *Cyn.* 1, 289-299.

b) *L'entretien.*

— usage de la *farrago* (v. 283) : Varron, *R.R.* 2, 7, 13, et Virgile, *Georg.* 3, 205.

— Pratique de la saignée (v. 284-289) : pas de source sûre.

— Pansage (v. 295-297) : Xénophon, Περὶ Ἱππικῆς, 2, 4, et Virgile, *Georg.* 3, 185-186.

III. *Instrumenta uenatoria* (v. 299-320)

Aucune source sûre : plutôt des modèles littéraires, et en particulier Grattius et Virgile.

Ainsi donc, à mon avis, Némésien a certainement puisé dans Virgile, Grattius et Oppien ; il a vraisemblablement fait des emprunts à Varron et à Xénophon ; j'hésite à dire qu'il est redevable à Columelle et à Sérénus Sammonicus ; enfin, je pense qu'il ignorait les *Cynégétiques* d'Arrien.

Nous savons maintenant quel cas nous devons faire de l'orgueilleuse profession de foi des vers 8-9 de l'exorde. Faut-il pour cela reléguer le poète africain parmi les plagiaires ? Qu'il ait démarqué, qu'il ait fait son profit de techniques déjà éprouvées, c'est certain. Mais son originalité reste incontestable.

La valeur littéraire.

Castaliusque mihi noua pocula fontis alumno
ingerit et late campos metatus apertos
imponitque iugum uati retinetque corymbis
implicitum, ducitque per auia, qua sola nunquam
trita rotis...

Cyn. 5-9

Les éditeurs et les critiques dénoncent presque tous, avec plus ou moins de virulence, le mensonge dont Némésien se rendrait coupable dans cette fougueuse revendication d'une originalité absolue. Avant d'accepter leur verdict, réexaminons le dossier avec objectivité. A cette fin, il faut, en premier lieu et tout simplement, replacer les *Cynégétiques* dans leur cadre historique et littéraire.

Si, en effet, comme on peut l'admettre, Némésien connaissait l'œuvre de Grattius, son prédécesseur latin dans le genre, il serait prudent, pour se faire une idée exacte et donc équitable du but qu'il s'était fixé, de l'indépendance qu'il revendique, de mettre en parallèle son exorde avec les trente-cinq premiers vers du poème de Grattius.

Si chez Grattius, comme l'écrit R. Verdière [1], « on ne peut manquer, dès les premiers vers, d'être frappé par

1. R. Verdière, *Gratti Cynegeticon*, I, p. 61. L'auteur étudie ensuite, p. 61-73, cette philosophie.

le ton profondément philosophique », l'exorde de Némésien rend un son tout différent : il suffit, pour s'en persuader, de relire les vers 1-3,

> *Venandi cano mille uias ; hilaresque labores*
> *discursusque citos, securi proelia ruris,*
> *pandimus...*

48-58,

> *Nos saltus uiridesque plagas camposque patentes*
> *scrutamur, totisque citi discurrimus aruis*
> *et uarias cupimus facili cane sumere praedas...*

et 99-102,

> *Huc igitur mecum, quisquis, percussus amore*
> *uenandi, damnas lites auidosque tumultus...*

Aussi J. Aymard [1] a-t-il raison de conclure que les
deux poètes, dont l'inspiration diffère profondément,
assignaient à la cynégétique des fins presque opposées :
« Si Grattius veut instruire, Némésien cherche à
plaire et cette opposition tient sans doute moins à la
conception de l'ouvrage qu'aux notions différentes de
la cynégétique chez les deux écrivains. Pour Grattius,
la chasse apparaît comme un thème de guerre : le poète
en enseigne les règles, la stratégie ; par les rudes vertus
morales qu'elle met en œuvre, elle permet de revenir
à la rigide morale des *Maiores*. Pour Némésien, elle est
un délassement, une évasion, et il convie à l'imiter tous
ceux qui détestent les procès, les luttes politiques, les
guerres et la navigation, conséquences de l'avidité
humaine... ». Ce jugement est corroboré par Némésien
lui-même, lorsqu'il se dit capable d'écrire des vers épi-
ques [2]. Reste à savoir dans quelle mesure le poète
a réalisé ses intentions.

Qu'il soit un poète mineur, on ne peut le nier, si on
considère l'espèce du genre didactique qu'il a choisie.

---

1. J. AYMARD, *op. cit.*, p. 170, qui est le seul, à ma connaissance, à avoir ainsi nettement défini ce que Némésien voulait
faire.
2. *Cyn.* 63 sq.

R. Pichon et J. Bayet [1] ont trouvé dans ce didactisme une justification suffisante du mépris dont ils l'ont accablé. Plus sévères encore, d'autres l'ont accusé de n'avoir aucune expérience de la cynégétique [2]. Il n'aurait fait, selon eux, que « plagier servilement » [3] ses devanciers, et en particulier Virgile.

Ce reproche serait peut-être le plus grave de tous ceux qui ont été faits au poète, s'il était entièrement justifié. Certes, je ne pousserai pas le goût du paradoxe jusqu'à soutenir que Némésien s'affranchit aisément de l'influence virgilienne. Mais je pense que cette influence se fait plus sentir dans la forme que dans le fond. Je crois, par exemple, que Némésien aimait passionnément les animaux et que cet amour inspire, indépendamment de toute imitation, les vers qu'il leur consacre. G. Curcio [4], qui pourtant regarde Némésien comme un médiocre, lui en témoigne son admiration. De même, R. Stern [5] loue l'élégance de ses descriptions, P. Monceaux [6] apprécie vivement son réalisme, fait d'exactitude et de pittoresque.

Pour ma part, j'insisterai plus encore sur l'émotion qu'inspire à Némésien le charme paisible d'une nature dont il savoure les vives couleurs [7]. On la ressent dès

---

1. Voici ce qu'écrit R. Pichon, *Histoire de la littérature latine*, Paris, Hachette, 1897, p. 806 : « L'époque la plus stérile est celle qui comprend la fin du IIe siècle et le IIIe siècle en entier... C'est de la poésie didactique où la forme métrique n'est qu'un ornement destiné à relever un peu les expositions trop sèches ». J. Bayet, *Littérature latine*, Paris, Colin, 1934, p. 413, n'est pas plus tendre : « C'est dans la poésie et l'éloquence que la convention et la décadence sont les plus évidentes. Pour mieux dire, la poésie est inexistante... On s'amuse, avec des morceaux de vers empruntés aux classiques, à composer des pièces de vers de sens tout opposé (centons). Les moins mauvais sont des poèmes didactiques sans génie ». Et ni l'un ni l'autre n'accorde plus à Némésien qu'une brève mention, en note.

2. P. J. Enk, *op. cit.*, p. 64.

3. La formule est de J. Aymard, *op. cit.*, p. 170.

4. G. Curcio, *op. cit.*, p. 457.

5. R. Stern, *op. cit.*, p. XXXIII.

6. P. Monceaux, *op. cit.*, p. 378.

7. C'est à peu près la seule qualité que J. Aymard, *op. cit.*, p. 170-171, lui reconnaisse.

les premiers vers du poème, où chasse et nature sont harmonieusement associées. Dans les vers 2-3, le poète proclame : *securi proelia ruris... pandimus* ; dans les vers 48-60, il donne comme cadre aux chasses qu'il pratique des espaces agrestes, aux horizons illimités ; les vers 314-320 disposent comme sur une toile aux somptueux coloris le chatoyant plumage des oiseaux africains.

Prétendre, d'autre part, que Némésien ignorait la technique de la chasse est une calomnie. Pour la réfuter, il suffira de dire qu'il n'y a pas une seule bévue dans les conseils qu'il donne [1], qu'il nous apporte de nombreuses précisions sur la chasse en Afrique du Nord à son époque [2] et que même il nous livre un renseignement [3] qui ne figure nulle part ailleurs dans la littérature cynégétique antique.

L'économie du poème a, de son côté, donné lieu à deux critiques [4] bien précises : l'exorde serait trop long par rapport à l'ensemble ; l'énumération, v. 15-47, des poncifs mythologiques que Némésien refuse de reprendre serait inutile et fastidieuse.

Il est aisé de ramener le premier de ces griefs à sa juste valeur. On pourrait en effet l'admettre s'il s'adressait à un poème à la fois court et intact. Mais un jugement différent s'impose dans l'hypothèse inverse, de loin la plus vraisemblable [5], où il ne nous resterait qu'une partie des *Cynégétiques*. Quant à la seconde critique, pour bien l'apprécier, il me paraît utile de répéter [6] ici que Némésien cherchait, à la faveur d'un poème didactique, à prouver qu'il était capable d'une inspiration plus haute. On peut trouver là au moins une excuse

1. Seuls les vers 138-139 ont donné lieu à contestation : P. J. Enk croyait que Némésien avait mal interprété les vers 298-299 de Grattius et donnait un conseil absurde. Je ne pense pas de même, comme je l'explique dans l'appendice I.

2. En particulier sur le gibier et les *instrumenta uenatoria*.

3. L'épreuve du feu comme moyen de sélection des chiots (voir *supra*, p. 82).

4. N. E. Lemaire, *Poetae Latini Minores*, I, Paris, Firmin Didot, 1824, p. 101, et G. Curcio, *op. cit.*, p. 450.

5. Voir *supra*, p. 78.

6. Voir *supra*, p. 12.

à ce qu'aurait de disproportionné un développement qui, en lui-même, n'a rien de choquant.

On a loué, plus qu'on ne l'a blâmé, le style de Némésien. Les critiques reconnaissent qu'il ne manque pas de talent [1] ; on lui accorde que sa langue n'est pas vulgaire [2], qu'il s'exprime clairement, sans trop de concision [3]. Pour N. E. Lemaire, R. Stern, P. Monceaux [4], son poème, d'une forme soutenue, s'élève même, en certains passages, jusqu'à la noblesse.

Et pourtant il a des détracteurs sévères, en particulier M. Schanz et C. Hosius [5], qui lui reprochent de ne donner que de la prose versifiée, d'user de comparaisons ridicules [6] ou de céder à la grandiloquence.

Il est juste de leur opposer que Némésien joue habilement de toute la gamme des procédés poétiques et que le mélange des tons qu'il pratique volontairement n'est pas si disparate. Après tout, Virgile lui-même en avait fait autant. Faut-il en vouloir à un poète de faire un effort pour rompre la monotonie d'un exposé didactique, en y insérant des morceaux où il donne libre cours à son imagination et à son enthousiasme ? Sans doute Némésien a-t-il tendance, comme bien des poètes de son époque, à cultiver l'image [7], à déployer quelque exubérance verbale, à prodiguer les allitérations. Mais, à tout prendre, sa forme n'est pas si détestable : ses contemporains, selon le témoignage de Vopiscus, lui vouaient une admiration qui survivait un siècle plus tard, puisqu'on en trouve un écho chez Ausone [8] ; au IXe siècle,

1. M. Schanz et C. Hosius, op. cit., p. 31.
2. R. Stern, op. cit., p. xxxiii.
3. G. Curcio, op. cit., p. 450.
4. N. E. Lemaire, op. cit., p. 101, et R. Stern, op. cit., p. 170, font l'éloge de la partie du prooemium qui s'adresse aux fils de Carus. P. Monceaux, op. cit., p. 377, vante « la belle invocation à Diane, dans le goût classique... ».
5. M. Schanz et C. Hosius, op. cit., p. 31.
6. Celle du cheval maure avec Borée, par exemple, aux vers 272-278.
7. Tendance surtout sensible dans la première partie de l'exorde, v. 1-65.
8. Ausone, Grat. Act... Ad Gratianum Imperatorem, XVIIII, (Peiper, p. 369) : « Nous admirions le poète (Virgile) qui avait

si l'on en croit Hincmar de Reims [1], Némésien était
devenu un « classique » qu'on faisait lire et commenter
dans les écoles ; au début de la Renaissance, l'humaniste
véronais Fracastor le pastichait dans son *Alcon sive
de cura canum venaticorum...*

Les manuscrits. Nous n'avons des *Cynégétiques* que
trois manuscrits [2] : deux sont con-
servés à la Bibliothèque Nationale, à Paris, le *Parisinus
Lat.* 7561 (= *A*) et le *Parisinus Lat.* 4839 (= *B*) ; le
troisième, le *Vindobonensis* 3261 (= *V*), est la propriété
de l'*Oesterreichische Nationalbibliothek* à Vienne.

Le *Parisinus Lat.* 7561 (anciennes cotes : Baluze
676 ; Regius 4351[2]) est un recueil factice d'une douzaine
d'ouvrages et de fragments de manuscrits, allant du
IXe au XVe siècle, rassemblés au XVIIe siècle par E. Baluze.
Seul nous intéresse ici le deuxième fragment qui contient,
aux folios 13-18, les *Cynégétiques*. P. van de Woestijne
et R. Verdière le datent du IXe siècle. Il comporte une
centaine de corrections : quelques-unes sont dues au
copiste lui-même ; d'autres (*A*[3]) sont de la main
d'E. Baluze ; les dernières (*A*[2]) procèdent de réviseurs
multiples qu'il est impossible d'identifier. Une main
plus récente enfin a ajouté le titre : nemesiani cynegetica.

Le *Parisinus Lat.* 4839 (anciennes cotes : Philibert
de la Mare 440 ; Regius 5047[2]) contient les *Cynégétiques*
aux folios 20-26. P. van de Woestijne, R. Pépin [3] et

chanté les Numides ignorants du frein et cet autre qui résumait
dans cette formule l'art de ces cavaliers : un coup de baguette
leur enjoint de s'élancer, un autre les arrête ».

1. *Epistola XXIV in Hincmarum Laudunensem, Patrologie
Latine de Migne*, Paris, Garnier, 1879, Tome CXXVI, p. 383 C :
« ...Comme j'ai appris à l'école, quand j'étais enfant, ... dans
l'ouvrage du Carthaginois Aurelius intitulé *Cynegeticon*, que se
comportaient les chasseurs traquant le fauve jusqu'à son repaire ».

2. Ils ont été soigneusement décrits par P. VAN DE WOESTIJNE,
Les Cynégétiques de Némésien, Anvers, De Sikkel, 1937, p. 9-28,
et R. VERDIÈRE, *Prolégomènes*, p. 63-75. Aussi, comme pour les
Bucoliques, ne donnerai-je ici que les indications indispensables.

3. *Quintus Serenus : Liber Medicinalis*, Paris, Presses Univer-
sitaires de France, 1950, p. XXVIII.

R. Verdière le datent du ixe/xe siècle. Les corrections sont peu nombreuses : les unes sont dues au copiste lui-même ; P. van de Woestijne attribue les autres (B^2), qui reproduisent le texte soit de l'*editio princeps*, soit d'une édition reproduisant aux vers 6 et 13 le texte de l'*editio princeps*, à un réviseur moderne, peut-être Philibert de la Mare. Les gloses marginales et interlinéaires, de la main du copiste, sont assez nombreuses mais n'offrent pas grand intérêt.

P. van de Woestijne estime que les *Parisini* remontent par des voies différentes à un même archétype [1] d'époque mérovingienne aujourd'hui perdu : le *Parisinus B*, qui, en bon nombre d'endroits, s'écarte du texte du *Parisinus A* (sans que les variantes puissent s'expliquer par une transcription fautive de *A*, car ce manuscrit ne prête pas aux dits endroits à mélecture), et donne parfois la leçon la meilleure, ne peut être une copie, même défectueuse, de *A*.

Le *Vindobonensis* 3261 (anciennes cotes : 4444 — xvie siècle Blotius — ; 235 — Tengnagel xviie siècle — ; Philol. 335 — xviiie siècle —), qui ne comporte que quelques retouches, de la main même de son auteur, contient les *Cynégétiques* aux folios 48-56 vo. Selon P. van de Woestijne, ces feuillets représentent une première copie du *Parisinus Lat.* 7561, faite au début du xvie siècle par l'humaniste napolitain Sannazar (Accius Syncerus Sannazarius). Toutefois, on conçoit difficilement comment Sannazar a pu, alors que *A* est le plus souvent de lecture très facile, se laisser aller à des mélectures — ou à des émendations — assez malheureuses [2]. Aussi est-on tenté de supposer que Sannazar disposait d'un autre

---

1. Entre autres ressemblances, ces deux manuscrits présentent les mêmes transpositions de vers : le vers 12 se trouve après le vers 24, les vers 224-230 après le vers 122.

2. En voici quelques exemples : au vers 45, *V* offre *furantem*, alors que *A* donne un *curantem* très compréhensible ; au vers 116, *primaeui* remplace un *primaeuis* bien meilleur ; au vers 122, le *iugandis* qui corrige le *iugandi* de *A* est, de l'aveu même de P. van de Woestijne, un « essai d'émendation mal venu » ; enfin, aux vers 127 et 157, la substitution de *sunt* à *sed* — encore une fois parfaitement lisible dans *A* — rend le texte inintelligible.

manuscrit. S'agit-il de ce « vetustissimus codex » qu'évoque G. von Logau (Logus) dans sa préface de l'édition aldine [1], et qui est, pour les philologues [2], le *Vindobonensis* 277 ? On peut le supposer, mais on ne saurait l'affirmer [3], car il ne subsiste de ce manuscrit que les quaternions XVII et XVIII, qui ne contiennent pas les *Cynégétiques* de Némésien.

Les éditions. Les éditions des *Cynégétiques* [4] procèdent toutes [5] de l'Aldine (1534), qui représente elle-même, comme l'a écrit P. van de Woestijne [6], « un stade plus avancé du travail de correction entrepris par Sannazar », jusqu'à celle de M. Haupt (1838), la première à reposer sur un examen du *Vindobonensis* 3261. Malheureusement cet examen avait été superficiel, comme le montre suffisamment l'apparat critique de l'édition. E. Baehrens (1879) fut le premier à utiliser les *Parisinus A* et *B* [7] ; mais, au lieu de collationner

1. G. von Logau affirme en effet avoir utilisé une copie des *Cynégétiques* faite par un jeune Allemand de ses amis, Aesiander, d'après un très vieux manuscrit que Sannazar avait ramené de France : Aesiander quidem ex vetustissimo codice quod... Accius Syncerus Sannazarius longobardicis litteris scriptum ex Galliis secum aliquando attulerat, quam potui integre et incorrupte descripsit...
2. Cf., par exemple, H. Schenkl, *Zur Kritik und Ueberlieferungsgeschichte des Grattius und andern lateinischen Dichter*, *Jhrb. f. class. Phil. Suppl. Bd. 24*, 1898, p. 383-480 ; R. Verdière, *Gratti Cynegeticon*, I, p. 83-98.
3. Voir à ce sujet R. Verdière, *Prolégomènes*, p. 69-71.
4. La liste que R. Verdière, *Gratti Cynegeticon*, I, p. 11-12, présente des éditions de Grattius s'applique aux *Cynégétiques* de Némésien, à condition d'en retrancher celles qui ne donnent que Grattius, d'y ajouter N. Pinder, *Less Known Latin Poets*, Oxford, Clarendon Press, 1869, D. Martin et P. van de Woestijne, et de modifier F. Vollmer, *Poetae Latini Minores*, II, en F. Vollmer, *Poetae Latini Minores*, III.
5. Comme, pour la plupart, elles comportent également les *Bucoliques*, on se reportera à ce que j'en ai dit plus haut, p. 37-38.
6. P. van de Woestijne, *op. cit.*, p. 28, n. 2.
7. Ces manuscrits ont été retrouvés par C. Bursian aux environs de 1854, si l'on en croit M. Haupt, *Opuscula*, p. 403.

le *Vindobonensis* 3261, il se contenta de l'apparat critique de M. Haupt. De plus, son édition présente un nombre
élevé de conjectures qui ne sont pas souvent justifiées.
J. P. Postgate (1905) a fait usage du *Parisinus* 7561 et
du *Vindobonensis* 3261, mais sans tenir compte du
Parisinus 4839 qu'il considérait comme nettement
inférieur aux deux autres. Il s'est montré nettement
plus conservateur qu'E. Baehrens. Il a été suivi dans son
refus d'accorder quelque crédit au *Parisinus B* par
J. W. Duff et A. M. Duff. Il me reste à dire combien
je suis redevable, même si je ne partage pas toujours
leurs points de vue, à D. Martin et à P. van de Woestijne. Le premier offre un commentaire abondant, sûr
et objectif, le second, un apparat précis et exhaustif.

SIGLA

Codd. :

A = Parisinus latinus 7561, saec. IX.
B = Parisinus latinus 4839, saec. IX/X.
V = Vindobonensis 3261, saec. XVI.

*

* *

Editt. et uaria :

Baehr. A. Baehrens, éd. Teubner, Leipzig, tome III, 1881.

Barth G. Barth, éd. des *Venatici et Bucolici Poetae Latini*, Hanovre, 1613.

Burm. P. Burman, éd. des *Poetae Latini Minores*, Leyde, Wishoff et Goedval, 1731.

Damsté P. H. Damsté, *Mnemosyne*, LII, 1925, p. 307-308.

Duff J. W. Duff et A. M. Duff, éd. Loeb, Londres, Heinemann, 1934.

Gronov. Gronovius in ed. I. C. Wernsdorfii.

Haupt M. Haupt, *Ovidii Halieuticon, Gratti et Nemesiani Cynegetica*, Leipzig, Weidmann, 1838.

Heins. Heinsius, in ed. I. C. Wernsdorfii.

Housman In ed. J. P. Postgatii.

Johnson T. Johnson, éd. des *Cynégétiques* de Grattius et de Némésien, Londres, Harper, 1699.

Küttner C. A. Küttner, éd. des *Cynégétiques* de Grattius et de Némésien, Mitau, Hinz, 1775.

Log. Logi (G. von Logau) editio Aldina, 1534.

Martin D. Martin, éd. des *Cynégétiques* de Némésien, Cornell University, 1917.

Pith. P. Pithou, *Epigrammata et Poematia vetera*, Paris, 1590.

Postgate J. P. Postgate, *Corpus Poetarum Latinorum*, II, Londres, Bell, 1905.

Scal.   Scaliger in ed. P. Burmanni.

Stern   R. Stern, éd. des *Cynégétiques* de Grattius et de Némésien et des *Fragmenta de Aucupio*, Halle, Waisenh. — B. Druckvelnip., 1832.

Vlit.   Vlitii (J. van der Vliet) editio Leidensis, 1645.

Woest.   P. van de Woestijne, éd. des *Cynégétiques* de Némésien, Anvers, De Sikkel, 1937.

Verdière   R. Verdière, *Prolégomènes à Nemesianus*, Leyde, Brill, 1974.

Wernsdorf J. C. Wernsdorf, éd. des *Poetae Latini Minores*, I, Altenburg, Richter, 1780 (rééd. Paris, Lemaire, 1824).

LA CHASSE

De la chasse je chante les mille procédés ; j'expose ses
travaux joyeux [1], ses courses rapides en tout sens, com-
bats de la paisible campagne. Dès maintenant l'aiguillon [2]
d'Aonie [3] fait bondir mon cœur : l'Hélicon [4*] m'ordonne
d'aller par les immensités agrestes et le dieu de Castalie [5*]
5 me donne à boire, à moi son nourrisson, des coupes
d'une eau qui m'était inconnue ; ensuite, ayant parcouru
sur une large étendue les plaines découvertes, il impose
le joug à son poète et le tient couronné de ses corymbes [6*],
puis le guide à travers des terres où les roues n'ont jamais
creusé de chemin [7*]. J'ai plaisir à m'avancer sur ce char
10 doré et à obéir au dieu. Voici qu'il me commande de
marcher à travers les herbages verts : j'imprime mes pas
sur la mousse vierge. Et Calliope, venant à ma rencontre,
a beau me proposer de faciles randonnées sur une piste
familière, j'ai résolu de m'engager sur une prairie où les
traces de mes roues fassent luire des sillons nouveaux.
15 Car [8*], qui n'a point à ce jour chanté Niobé affligée
de ses nombreux deuils ? Qui ne connaît Sémélé [9*] et ces
feux d'hymen et de mort tout ensemble [10*], qui lui vinrent
de la fourbe d'une rivale ? Qui garde le silence sur le
second berceau rendu au grand Bacchus [11*], à qui son
père tout puissant daigna restituer les mois qu'il eût

1. *Venandi cano... hilaresque labores* : cf. Virg., *Aen.* 1, 1 :
arma uirumque cano, et Gratt. 1 : *Dona cano diuum, laetas uenan-
tibus artes.*
2. Ce symbole, emprunté à la poésie grecque pour figurer
l'inspiration, était devenu un lieu commun des exordes poétiques ;
on le trouve chez Stace, *Theb.* 1, 32 : *tempus erit, cum Pierio
tua fortior oestro* | *facta canam.*
3. Nom mythique de la Béotie, patrie d'élection des Muses.

CYNEGETICON

Venandi cano mille uias ; hilaresque labores
discursusque citos, securi proelia ruris,
pandimus. Aonio iam nunc mihi pectus ab oestro
aestuat : ingentes Helicon iubet ire per agros,
Castaliusque mihi noua pocula fontis alumno   5
ingerit ; et late campos metatus apertos,
imponitque iugum uati retinetque corymbis
implicitum ducitque per auia qua sola nunquam
trita rotis. Iuuat aurato procedere curru
et parere deo. Virides en ire per herbas   10
imperat : intacto premimus uestigia musco ;
et, quamuis cursus ostendat tramite noto
obuia Calliope faciles, insistere prato
complacit*um*, rudibus qua luceat orbita sulcis.
Nam quis non Nioben numeroso funere maestam   15
iam cecinit ? Quis non Semelen ignemque iugalem
letalemque simul nouit de paelicis astu ?
Quis magno recreata tacet cunabula Baccho,
ut pater omnipotens, maternos reddere menses

1. cano *codd.* : cane *Gron. Damsté* ∥ 3. oestro AB^2V : ostro
B^1 ∥ 5. castaliusque A^1BV : -lii A^3mg -liique *Pith.* ∥ alumno
codd. : -nus *Vlit., Baehr.* ∥ 6. metatus A : -tatur B^2V -atus B^1
-titur *coni. Vlit.* ∥ 7. imponitque A^2BV : -nit A^1 ∥ 8. ducitque
$A^{pc}BV$: dic- A^{ac} ∥ 10. parere AB^2V : parce- B^1 ∥ 12 *post* 24 *habent*
codd., huc transt. Pith. ∥ ostendat *codd.* : se ostendat *Log.* ∥ 13.
calliope A^2BV : calloope A^1 ∥ faciles AB^1V : facies B^2, *Log.* facilest
Pith. ∥ prato AB^2V : parto B^1 ∥ 14. complacitum *Schenkl* : -to
codd. non placito *Baehr.* ∥ luceat AV : lucet B ∥ 15. nioben
AV : moben B ∥ 16. cecinit AB^2V : -nis B^1 ∥ semelen AV : semel
en B^1 semelem B^2 ∥ 17. astu AV : artu B aestu *coni. Burm.*

20 passés dans le sein maternel [12], les menant jusqu'au
terme d'un enfantement normal ? Il en est qui veulent
dire les thyrses dégouttant d'un sang sacrilège [13] (thème
trop connu), les liens de Dircé [14], la condition de l'hymen
de Pise [15*], l'ordre sanguinaire de Danaus [16*] et la férocité de ces épouses qui, près de conclure leur première
25 union conjugale, changèrent de douces voluptés contre
des torches funèbres. Le crime de Biblis [17*], pas un
qui ne l'ait dénoncé. L'inceste de Myrrha [18*] et son père
souillé par un crime atroce nous sont bien connus, et sa
métamorphose, lors de sa fuite à travers les champs
d'Arabie, en un arbre feuillu, en verdure animée. Il en
30 est qui content les sifflements sauvages de Cadmus [19*]
revêtu d'écailles, et le gardien, constellé d'yeux, de la
jeune Io [20*] ; qui veulent indéfiniment énumérer les travaux d'Hercule et montrer Térée [21*] surpris de se sentir
soulevé par des ailes novices, au sortir, Philomèle, du
festin que tu lui offris ; il en est qui disent l'expérience
35 malheureuse de Phaéton [22*] escaladant les cieux sur son
char, chantent les flammes éteintes sous les coups de
la foudre, le Pô fumant, Cycnus [23*] et son plumage
chenu, et les forêts [24*] versant sur la mort de leur frère
des pleurs sans fin. Les malheurs des Tantalides [25*],
les tables des festins éclaboussées de sang, le Titan [26*]
40 se cachant la tête à la vue de Mycènes et les épouvan-
tables vicissitudes de cette race, ont été célébrés par

---

12. *Maternos reddere menses* : cf. Stat., *Theb.* 7, 166-167 :
Cui tu dignatus... | maternos reddere menses.

13. Allusion à la mort de Penthée, roi de Thèbes, qui voulut
s'opposer à la célébration du culte de Bacchus dans son royaume.
Les Bacchantes, poussées par sa propre mère Agavé, le trans-
percèrent de leurs thyrses. — M. Manitius, *Zu Nemesians
Cynegetica*, in *Rh.M.*, XLIV, 1889, p. 543, considère ce vers
comme une imitation de Valerius Flaccus, 5, 75-76 : *His Bacchus
in undis | abluit eoo rorantes sanguine thyrsos.*

14. Lycos, roi de Thèbes, avait répudié Antiope pour épouser
Dircé. Les fils d'Antiope, Amphion et Zéthos, pour venger leur
mère, attachèrent Dircé vivante à un taureau qui la traîna et la
déchira sur les rochers. — Cf. Prop. 3, 15, 37-38 : *puerique tra-
hendam | uinxerunt Dircen sub trucis ora bouis.*

110 carène [66] de côtes qui soit élégamment incurvée vers
l'extrémité [67] et s'étrécisse insensiblement à l'arrière en
un ventre sec [68] ; qu'elle ait de l'ampleur, avec des reins
bien solides [69], les hanches évasées, et que ses oreilles
très souples [70]* flottent quand elle court. Donne-lui un
mâle analogue [71]*, aussi grand qu'elle en tout point, tant
115 qu'elle a de la force en surabondance, que la jeunesse de
son corps est dans sa fleur généreuse et que ses jeunes
veines regorgent de sang [72]*. Car surviennent les maladies
accablantes et la paralysie de la vieillesse [73]*, et les
chiens donneront, par manque de force, des produits sans
vigueur [74]*. Mais il vaut mieux accoupler des chiens d'âge
120 différent : livre le mâle au désir ardent quand il a quarante
mois pleins ; que la femelle ait deux ans [75]* révolus. C'est
ainsi qu'on pourvoit le mieux aux saillies. Bientôt, quand
Phoebé aura donné deux fois sa pleine forme à son
flambeau [76]*, une fois que les entrailles maternelles
fécondées par le mâle [77]* sont gonflées, aussitôt la gros-
125 sesse à son terme livre passage [78]* aux rejetons nombreux,
et tu constates que tout retentit des cris de l'ample
portée. Si vif pourtant que soit ton désir, tu préféreras
dédaigner cette première génération [79]* et, plus tard,
renoncer à nourrir tous les jeunes chiots [80]*. Car, si tu
prends la décision d'élever un grand nombre de nourris-
130 sons, tu les verras bientôt, exténués de maigreur [81]*, pri-
vés de leur sève, se disputer longuement à qui têtera le
premier et tirailler les mamelles lasses de leur mère épui-
sée. Dans le cas contraire, si tu as le souci d'éviter que,
d'aventure, ne soit tué ou chassé de la maison [82]* le meil-

66. Amplam et profundam costarum compagem, qualis est
forma carinae navis, explique J. C. WERNSDORF, a qua pectus
animalium carinatum dicit Plinius, *N.H.*, 11, 207. — Oppien,
Cyn. 1, 409, écrivait : πλευρῶν ἐπικάρσια ταρσά.

67. *Costarum sub fine* : il s'agit du point où les côtes et le ventre
se rejoignent, et non de celui où les côtes et l'épaule se rejoignent,
comme le prétend J. C. WERNSDORF.

68. Grattius, 271, demande la même qualité : *adstricti succin-
gant ilia uentres.*

69. *Renibus... satis ualidis* : cf. Oppien, *Cyn.* 1, 409 : ὀσφύες
ἐύσαρκοι, μὴ πίονες.

sume habitus arcumque manu pictamque pharetram
suspende ex humeris ; sint aurea tela, sagittae ;
candida puniceis aptentur crura cothurnis,   90
sit chlamys aurato multum subtemine lusa
corrugesque sinus gemmatis balteus artet
nexibus, implicitos cohibe diademate crines.
Tecum Naiades faciles uiridique iuuenta
pubentes Dryades Nymphaeque, unde amnibus
                                              [umor, 95
adsint et docilis decantet Oreadas Echo.
Duc age, diua, tuum frondosa per auia uatem :
te sequimur, tu pande domos et lustra ferarum.
Huc igitur mecum, quisquis percussus amore
uenandi damnas lites auidosque tumultus   100
ciuilesque fugis strepitus bellique fragores
nec praedas auido sectaris gurgite ponti.
Principio tibi cura canum non segnis ab anno
incipiat primo, cum Ianus, temporis auctor,
pandit inocciduum bis senis mensibus aeuum. 105
Elige tunc cursu facilem facilemque recursu,
seu Lacedaemonio natam seu rure Molosso,
non humili de gente canem ; sit cruribus altis,
sit rigidis, multamque trahat sub pectore lato

---

88. pictamque $A^{pc}V$: -tumque $A^{ac}B$ ‖ 89. sint $AB^{pc}V$: sunt B^{ac} ‖
91. chlamys V : chlamis A clamis B ‖ subtemine A : -tegmine BV ‖
lusa B : luso AV ‖ 92. gemmatis $A^{ac}BV$: -tus A^{pc} ‖ artet AB :
arctet V ‖ 93. implicitos AV : -catos B ‖ diademate AV : deade- B ‖
94. naiades V : Naides AB ‖ faciles A^2V : -lem A^1 -le B ‖ 95. amnibus
AV : ani- B ‖ 96. docilis A^1V : -les A^2B ‖ decantet V : dicant
AB ‖ oreadas $Log.$: -ades $codd.$ ‖ 98. domos V : dolos A solos B ‖
99. huc $Vlit.$: hinc $codd.$ ‖ mecum A^2V : metum A^1B ‖ 100. auidosque $codd.$: rabi- $Vlit.$ rapi- $Postgate$ paui- $Duff$ subitosque
coni. Martin ‖ tumultus AV : -tos B ‖ 101. strepitus A^3BV :
-pidus A^1 ‖ 102. auido AV : -de B -dus $Vlit., Haupt$ ‖ 103. segnis
ab anno AV : signis abanni B ‖ 104. ianus AV : iaiis B ‖ auctor AB :
author V ‖ 107. natam $Log.$: -tum $codd.$ ‖ molosso AV : -loso B ‖
109. rigidis AV : -dus B.

toi de tes attributs coutumiers ; prends ton arc à la main, suspends à ton épaule ton carquois peint [45] ; prends tes traits d'or, tes flèches [46] ; mets des cothurnes [47]
90 écarlates à tes jambes éclatantes de blancheur ; endosse une chlamyde [48*] où l'or se joue en une trame serrée [49*] et que, la ceignant, un baudrier orné de pierreries en comprime les fronces [50*] ; enserre d'un diadème les tresses de tes cheveux [51*]. Qu'auprès de toi, se tiennent les Naïades [52*] aimables, les Dryades fraîches de leur verte jeu-
95 nesse [53*] et les Nymphes de qui les fleuves reçoivent leurs eaux [54*] ; que, d'une voix docile, Écho répète le chant des Oréades [55*]. Allons, déesse, guide ton poète par les fourrés sans pistes : je marche à ta suite. Toi, révèle-moi le secret des tanières et des bauges des bêtes sauvages [56*]. A moi donc, vous tous qui, frappés de l'amour de la
100 chasse [57*], réprouvez les procès et l'agitation des gens avides, fuyez les vacarmes de la politique et le fracas des guerres [58*], et ne traquez point des proies sur les gouffres avides [59*] des mers.

Tout d'abord, dès le début de l'année [60*], commence à t'occuper activement de tes chiens, lorsque Janus, le
105 maître du temps, ouvre la carrière ininterrompue de deux semestres. Choisis alors une lice au courre docile et docile au recourre [61*], née dans la campagne lacédé-monienne ou molosse [62*], et qui ne soit point de basse origine [63*] ; qu'elle ait la jambe haute, qu'elle l'ait dure [64*], et que, sous sa large poitrine [65*], s'étire une forte

---

45. *Pictamque pharetram* : cf. Ov., *Met.* 2, 421 ; 4, 306 et 308 ; *Epist.* 21, 175.
46. Artémis était armée seulement de flèches. Cf. *Hymnes à Artémis*, 2, 1 : « Je chante... Artémis aux flèches d'or... », et Callimaque, *Hymne à Artémis*, 110-111 : « Artémis... d'or sont tes armes... ».
47. Ces cothurnes étaient des chaussures de chasse, bottes demi-montantes, que les Grecs appelaient ἐνδρομίδες (cf. Callimaque, *Hymne à Artémis*, 16) et que Servius, à propos du vers de Virgile, *Aen.* 1, 337, définit ainsi : *cothurni sunt calceamenta uenatoria, quibus crura quoque uinciuntur.*

atque canam nostrum geminis sub finibus orbis 65
litus et edomitas fraterno numine gentes
quae Rhenum Tigrimque bibunt Ararisque remotum
principium Nilique bibunt in origine fontem ;
nec taceam primum quae nuper bella sub Arcto
felici, Carine, manu confeceris, ipso 70
paene prior genitore deo, utque intima frater
Persidos et ueteres Babylonos ceperit arces,
ultus Romulei uiolata cacumina regni ;
imbellemque fugam referam clausasque pharetras
Parthorum laxosque arcus et spicula nulla. 75
Haec *u*obis nostrae libabunt carmina Musae,
cum primum uultus sacros, bona numina terrae,
contigerit uidisse mihi. Iam gaudia uota
temporis impatiens sensus spretorque morarum
praesumit uideorque mihi iam cernere fratrum 80
augustos habitus, Romam clarumque senatum
et fidos ad bella duces et milite multo
agmina quis fortes animat deuotio mentes ;
aurea purpureo longe radiantia uelo
signa micant sinuatque truces leuis aura dracones. 85
Tu modo, quae saltus placidos siluasque pererras,
Latonae, Phoebe, magnum decus, heia age suetos

---

67. quae rhenum AV : querenum B ‖ 68. bibunt $AB^{ac}V$: -buntque
B^{pc} colunt *Damsté* uident *Johnson* metunt *coni. Stern* ‖ 69. primum
codd. : -ma *Baehr.* -mus *coni. Burm.* ‖ 70. felici V : -cia A feliti B ‖
71. deo $A^{pc}BV$: de A^{ac} ‖ frater AV : pater B ‖ 72. babylonos AV :
-nis B ‖ arces AV : artes B ‖ 73. ultus AV : uultus B ‖ romulei
AV : rum- B ‖ regni AV : regna B ‖ 75. arcus A^2BV : arcos A^1 ‖
nulla *codd.* : muta *Barth* nuda *R. T. Clark (Classical Review,
XXVII, 1913, p. 261)* ‖ 76. uobis *Pith.* : nobis *codd.* ‖ 78. uota
$A^{ac}BV$: nota A^{pc}, *Log.* ‖ 79. spretorque A^1V : -tor A^2 -tos B ‖
morarum V : memoratum AB ‖ 81. augustos AV : ang- B ‖ 84.
purpureo AV : -rea B ‖ radiantia BV : -tta A ‖ 86. placidos AV :
-idas B -itos *Heins.* ‖ 87. latonae BV : lato.e A ‖ phoebe V^{ac} : pheebe
A phebe B phebo V^{pc}.

65 les rivages bordant les extrémités jumelles [37] du monde
et la soumission par votre puissance fraternelle des
nations qui s'abreuvent dans le Rhin et le Tigre [38],
qui s'abreuvent à la source lointaine de la Saône et dans
le Nil à sa naissance. Et je ne saurais taire d'abord,

70 ô Carin, quelles guerres ton bras favorisé des dieux a
récemment terminées au Septentrion [39], en t'élevant
presque au-dessus du dieu ton père lui-même, et comment
ton frère s'est emparé du cœur de la Perse [40]* et de l'antique citadelle de Babylone, vengeant l'outrage infligé
à la majesté de l'empire de Romulus. Je retracerai la
fuite pusillanime des Parthes, leurs carquois fermés, leurs

75 arcs détendus, leurs flèches inutiles. Mes muses vous
offriront la libation de ces poèmes dès que j'aurai la
chance, ô divinités bienfaitrices de la terre, de contem-
pler vos visages sacrés. Déjà, ma pensée impatiente
des délais, contemptrice des retards, anticipe les joies [41]*
que j'ai appelées de mes vœux, et je crois déjà voir

80 l'appareil auguste des deux frères, Rome et son Sénat
illustre, et les chefs sûrs au combat, et les rangs serrés
des soldats dont le dévouement [42]* anime les cœurs valeureux ; sur les étendards écarlates étincellent les ornements dorés [43]* qui lancent au loin leurs rayons, tandis

85 qu'une brise légère fait onduler les féroces dragons [44]*.
Mais toi qui parcours les paisibles vallons boisés et les
forêts, Phoebé, brillante gloire de Latone, allons, revêts-

37. Le nord et le sud, l'est et l'ouest, si l'on tient compte
des vers 67-68 qui donnent comme frontières à l'empire romain
le Rhin et le Nil, la Saône et le Tigre.

38. Cf. Virg., *Buc.* 1, 62 : *aut Ararim Parthus bibet aut Germania
Tigrim.*

39. Il s'agit probablement de la Germanie et de l'Angleterre
(cf. p. 74, note 1).

Colchidos iratae sacris imbuta uenenis
munera non canimus pulchraeque incendia Glauces,
non crinem Nisi, non saeuae pocula Circes,
nec nocturna pie curantem busta sororem :   45
haec iam magnorum praecepit copia uatum,
omnis et antiqui uulgata est fabula saecli.
Nos saltus uiridesque plagas camposque patentes
scrutamur totisque citi discurrimus aruis
et uarias cupimus facili cane sumere praedas ;   50
nos timidos lepores, imbelles figere dammas
audacesque lupos, uulpem captare dolosam
gaudemus ; nos flumineas errare per umbras
malumus et placidis ichneumona quaerere ripis
inter harundineas segetes felemque minacem   55
arboris in trunco longis praefigere telis
implicitumque sinu spinosi corporis erem
ferre domum ; talique placet dare lintea curae
dum non magna ratis, uicinis sueta moueri
litoribus tutosque sinus percurrere remis,   60
nunc primum dat uela Notis portusque fideles
linquit et Hadriacas audet temptare procellas.
Mox uestros meliore lyra memorare triumphos
accingar, diui fortissima pignora Cari,

42. sacris *ABV*ᵖᶜ : -crisque *V*ᵃᶜ ‖ 43. pulchraeque *AV* : puchre- *B* ‖ incendia *Pith.* : ingentia *codd.* ‖ 45. curantem *A*ᵖᶜ : puran- *A*ᵃᶜ*B*ᵃᶜ purgan- *B*ᵖᶜ furan- *V* ‖ 46. iam *om. B* ‖ magnorum *AV* : magna- *B* ‖ praecepit *BV* : perce- *A* ‖ 47. saecli *A*²*BV* : saeculi *A*¹ ‖ 48. nos *V* : non *AB* ‖ 49. totisque *codd.* : no- *Heins.* ‖ 50. facili *AV* : -le *B* ‖ 52. audacesque *AV* : audeces *B* ‖ 53. gaudemus *AV* : -deamus *B* ‖ 54. placidis *ABV*ᵖᶜ : -idas *V*ᵃᶜ -itis *Barth* ‖ ichneumona *V* : icnheu- *A*³ sincheu- *A*¹ sicoheu- *A*² sicu hu- *B* ‖ quaerere *A*²*BV* : quere- *A*¹ ‖ 56. praefigere telis *V* : profigeret olis *A*ᵃᶜ profigeretolis *A*ᵖᶜ*B* perfigere telis *Johnson* praefigere contis *coni. Baehr.* ‖ 57. implicitumque *AV* : -tamque *B* ‖ 58. curae *codd.* : cursu *Baehr.* cymbae *Heins.* gyro *Damsté* ‖ 60. percurrere *AV* : -curre *B* ‖ 61. uela *A*²*BV* : ue.. *A*¹ ‖ 63. mox *A*³*V* : uox *A*¹*B* .

mes devanciers. Je ne chante pas les présents imprégnés
des poisons maudits de la Colchidienne en fureur qui
consumèrent la belle Glaucé [27], ni le cheveu de Nisus [28],
ni les breuvages de la cruelle Circé, ni cette sœur [29] qui,
45 pieusement, s'occupa de dresser un nocturne bûcher :
ces légendes, une foule de grands poètes s'en est emparée
avant moi et toute fable des âges antiques est lieu commun [30].

Moi, j'explore les vallons boisés, les vertes étendues
et les plaines découvertes, je cours rapidement çà et là
dans tous les guérets et désire capturer, à l'aide de chiens
50 bien dressés, toutes sortes de proies. Percer les lièvres
timides, les daims couards [31*], piéger les loups pleins
d'audace et le renard rusé, voilà mes joies. Je préfère
rôder dans les ombrages au bord des rivières, chercher,
sur les calmes rives, l'ichneumon [32*] au milieu des massifs
55 de roseaux, clouer de mes longs javelots sur le tronc d'un
arbre le chat sauvage [33*] menaçant, rapporter à la maison
le hérisson roulé dans la boule de son corps épineux [34*].
Et il me plaît de larguer les voiles à ce projet, cependant
que mon petit esquif, accoutumé à se mouvoir près
60 des rivages et à parcourir à la rame des baies sans dangers,
pour la première fois maintenant livre ses voiles aux
vents du Sud, délaisse les ports sans risques et ose affronter
les tempêtes de l'Adriatique [35*].

Bientôt, très valeureux enfants du divin Carus, je
m'apprêterai à célébrer vos triomphes aux accents d'une
lyre plus noble [36*] et je chanterai notre domination sur

27. Médée, délaissée par Jason au profit de Glaucé, fille du
roi de Corinthe Créon, fit parvenir à sa rivale une robe et des
ornements trempés dans du poison. Dès que Glaucé les revêtit,
elle fut embrasée d'un feu mystérieux.
28. Minos assiégeait Mégare. Scylla, fille de Nisus, roi de Mégare,
s'éprit de Minos et, pour aider à sa victoire, coupa sur la tête
de Nisus le cheveu pourpre dont dépendait la vie de son père.
29. Antigone.
30. C'est ainsi que commence le livre 3, 3-4 des *Géorgiques*
de Virgile : *Cetera, quae uacuas tenuissent carmine mentes* / *omnia
iam uolgata*. De même, Manilius, 3, 29, après avoir passé en revue
un certain nombre de thèmes mythologiques usés, écrit : *speciosis
condere rebus* / *carmina, uulgatum est opus et componere simplex.*

dignatus, iusti compler*it* tempora partus ?   20
Sunt qui sacrilego rorantes sanguine thyrsos
(nota nimis) dixisse uelint, qui uincula Dirces
Pisaeique tori legem Danaique cruentum
imperium sponsasque truces sub foedere primo
dulcia funereis mutantes gaudia taedis.   25
Biblidos indictum nulli scelus ; impia Myrrhae
conubia et saeuo uiolatum crimine patrem
nouimus, utque Arabum fugiens cum carperet arua
iuit in arboreas frondes animamque uirentem.
Sunt qui squamosi referant fera sibila Cadmi   30
stellatumque oculis custodem uirginis Ius
Herculeosque uelint semper numerare labores
miratumque rudes se tollere Terea pinnas
post epulas, Philomela, tuas ; sunt ardua mundi
qui male temptantem curru Phaethonta loquantur 35
extinctasque canant emisso fulmine flammas
fumantemque Padum, Cycnum plumamque senilem
et flentes semper germani funere siluas.
Tantalidum casus et sparsas sanguine mensas
condentemque caput uisis Titana Mycenis   40
horrendasque uices generis dixere priores.

20. complerit *Log.* : compellere *codd.* ‖ 21. sacrilego rorantes
V : -legos rorantes *A³mg* -legos orantes *A¹B* ‖ 22. nota
nimis *AV* : notaninis *B* ‖ 23. pisaeique *A³mgV* : pyreique *B*
pisei *A¹* ‖ 24. foedere *AV* : fode- *B* ‖ 27. conubia *A* : connu- *V*
concu- *B* ‖ saeuo *AV* : psaeudo *B* ‖ uiolatum *ABVᵖᶜ* : -tur
Vᵃᶜ ‖ 29. iuit *codd.* : irit *Heins.* ‖ 30. qui squamosi *A³mgV* :
quis quam osi *A¹* qui squi soi *Bᵃᶜ* qui squi sosi *Bᵖᶜ* ‖ 31. uirginis
AV : uigi- *B* ‖ ius *A¹A³BV* : eius *A²* ‖ 32. herculeosque *A²V* :
-leos *A¹B* ‖ 33. se tollere terea *A³V* : setolleret acerea *A¹* -ret
acera *A²* retolleret aurea *B* se tollere ad aera *Baehr.* ‖ 34. tuas
sunt *A²V* : tua sunt *A¹* tuarum *B* ‖ 35. curru *Log.* : currus *codd.* ‖
phaethonta *V* : pheton- *A* phecon- *B* ‖ loquantur *AB* : -quuntur
V ‖ 36. emisso *AB* : e misso *V* ‖ fulmine *AV* : flu- *B* ‖ 37. cycnum
V : cicnum *A¹B* cignum *A²* ‖ plumamque *AV* : palmam- *B* ‖
41. horrendasque *AV* : -daque *B* ‖ uices *codd.* : neces *coni. Vlit.*

costarum sub fine decenter prona carinam,   110
quae sensim rursus sicca se colligat aluo,
renibus ampla satis ualidis diductaque coxas,
cuique nimis molles fluitent in cursibus aures.
Huic parilem summitte marem, sic omnia magnum,
dum superant uires, dum laeto flore iuuentas   115
corporis et uenis primaeuis sanguis abundat.
Namque graues morbi subeunt segnisque senectus
inualidamque dabunt non firmo robore prolem.
Sed diuersa magis feturae conuenit aetas :
tu bis uicenis plenum iam mensibus acrem   120
in uenerem permitte marem ; sit femina, binos
quae tulerit soles. Haec optima cura iugandi.
Mox cum se bina formarit lampade Phoebe,
ex quo passa marem genitalia uiscera turgent,
fecundos aperit partus matura grauedo   125
continuo largaque uides strepere omnia prole.
Sed, quamuis auidus, primos contemnere partus
malueris ; mox non omnes nutrire minores.
Nam tibi si placitum populosos pascere fetus,
iam macie tenues sucique uidebis inanes   130
pugnantesque diu, quisnam prior ubera lambat,
distrahere inualidam lassato uiscere matrem.
Sin uero haec cura est, melior ne forte necetur

112. diductaque *Log.* : ded- *codd.* ‖ 114. summitte *ego* :
sub- *V* summite *A* sumite *B* ‖ 115. iuuentas *AV* : -ta *B* ‖ 116.
primaeuis *A¹B* : -maeui *V* -maeuus *A²* ‖ 118. robore *AV* : -bure
B corpore *Kuttner, Haupt* ‖ 119. sed *AV* : si *B* ‖ feturae *A³* :
-re *A¹* foeture *B*ᵃᶜ -rae *B*ᵖᶜ faeturae *V* ‖ 120. acrem *AV* : aerem *B* ‖
121. permitte *AV* : pro- *B* ‖ 122. iugandi *AB* : -dis *V, Baehr.* ‖
224-230 *post* 122 *transt. codd.* ‖ 123. phoebe *A¹V* : phoebae *A³*
phebe *B* ‖ 126. strepere *AV* : -perae *B* ‖ 127. sed *AB* : sunt *V* ‖
129. pascere *ABV*ᵖᶜ : posc- *V*ᵃᶜ ‖ 130. tenues *AB*ᵃᶜ*V* : -nuis
*B*ᵖᶜ ‖ inanes *AV* : manes *B*ᵃᶜ immanes *B*ᵖᶜ ‖ 131. quisnam *Log.* :
quis non *AB*ᵃᶜ*V* qui non *B*ᵖᶜ ‖ 133. uero *AV* : autem *B* ‖ cura
AV : -rat *B*ᵃᶜ -ra tibi *B*ᵖᶜ.

9

leur des chiots, ainsi que la volonté de les éprouver alors
qu'ils ne sont pas encore solides sur leurs pattes et que
135 leurs yeux même ouverts [83] n'ont pas vu l'éclat de la
lumière, apprends le legs de l'expérience et donne sans
crainte ton assentiment à des règles reconnues. Tu
pourras en effet évaluer exactement, en le pesant, la
vigueur d'un chiot, et, d'après le poids de leur corps,
connaître d'avance ceux qui courront avec agilité [84*].
140 Mieux encore : que soit tracé un long cercle de feu,
et que son haleine embrasée délimite une enceinte ronde
assez vaste pour que tu puisses en occuper impunément
le centre. Qu'on y porte tous les chiots, la bande des
chiots, pêle-mêle : la mère indiquera ce que vaut sa
descendance, sauvant, au gré de son instinct, du péril dont
145 ils s'épouvantent, ses petits qui le méritent. A peine
a-t-elle vu sa portée cernée par les flammes qu'instan-
tanément, franchissant d'un bond la barrière de feu
encerclant la place, elle en saisit un premier dans ses
mâchoires et l'emporte dans son chenil, puis un autre,
puis un autre encore. Ainsi la mère, en pleine connais-
150 sance de cause, sépare des autres les meilleurs de ses
rejetons par son amour de la perfection [85*]. Ceux-ci donc
et leur mère, dès les jours sereins du printemps, nourris-
les de petit-lait fluide [86*] (la saison où le lait abonde [87*]
en tous lieux est arrivée et les vases à traire pleins mettent
une note de blancheur dans les bergeries). De temps en
temps, donne-leur pour repas du pain trempé dans du
155 lait [88*], pour qu'ils puissent gonfler de sucs généreux
leurs tendres moelles et, d'ores et déjà, assurer la pro-
messe d'une robuste santé. Mais, lorsque Phoebus brûlant sera parvenu à l'apogée de son axe chauffé à blanc [89*],

---

83. Du fait que *uīdere*, comme le montre la scansion, est un
parfait de l'indicatif, on ne saurait construire : *quis... neque lumina
passa (sunt) uidere*, et le vers n'a de sens que si *passa*, épithète
de *lumina*, est le participe du verbe *pandere* et signifie « ouverts ».
— Les chiens naissent aveugles, comme l'écrivait Pline, *N.H.*
8, 151 : *Gignunt caecos, et quo largiore aluntur lacte, eo tardiorem
uisum accipiunt, non tamen unquam ultra XXI diem nec ante
septimum. Quidam tradunt, si unus gignatur, nono die cernere ;
si gemini, decumo, itemque in singulos adici totidem tarditatis
ad lucem dies.*

abdaturue domo, catulosque probare uoluntas,
quis nondum gressus stabiles neque lumina passa   135
luciferum uidere iubar, quae prodidit usus
percipe, et intrepidus spectatis annue dictis.
Pondere nam catuli poteris perpendere uires
corporibusque leues grauibus praenoscere cursu.
Quin et flammato ducatur linea longe   140
circuitu signetque habilem uapor igneus orbem,
impune *ut* medio possis consistere circo.
Huc omnes catuli, huc indiscreta feratur
turba : dabit mater partus examen, honestos
iudicio natos seruans trepidosque periclo.   145
Nam postquam conclusa uidet sua germina flammis,
continuo saltu transcendens feruida zonae
uincla, rapit rictu primum portatque cubili,
mox alium, mox deinde alium. Sic conscia mater
segregat egregiam subolem uirtutis amore.   150
Hos igitur genetrice simul iam uere sereno
molli pasce sero (passim nam lactis abundans
tempus adest, albent plenis et ouilia mulctris)
interdumque cibo Cererem cum lacte ministra
fortibus ut sucis teneras complere medullas   155
possint et ualidas iam tunc promittere uires.
Sed postquam Phoebus candentem feruidus axem

134. abdaturue ABV^{pc} : -turque V^{ac} ‖ 135. gressus AB :
gressu V ‖ stabiles A^1V : -lis A^3B ‖ lumina $ABV^{pc}V$: lune B^{ac} ‖
passa $ABV^{pc}V$: passo B^{ac} ‖ 138. poteris AV : -res B ‖ 139. corporibusque A^2V : -ribus A^1B ‖ cursu AV : cursus B, *Verdière* ‖
141. circuitu signetque V : -tu signet A -tus igne et B ‖ 142. ut
Johnson : in *codd.* ‖ medio ABV^{pc} : medis V^{ac} ‖ 145. iudicio AV :
ind- B ‖ trepidosque *Baehr.* : -doque *codd.* -dansque *coni. Burm.*,
Postgate ‖ 146. conclusa BV : -clausa A ‖ germina AV : grem-
B ‖ 147. saltu transcendens AV : salturans cendens B ‖ 148. portatque AV : -tetque B ‖ 150. subolem $A^{ac}V$: sob- $A^{pc}B$ ‖ 151.
genetrice A : genit- BV ‖ 152. lactis AB : laetis V ‖ 154. cibo
codd. : cibos *Heins.* ultro *Damsté* ‖ 157. sed AB : sunt V.

entamant les lentes étapes du Scorpion paresseux [90],
alors il y aura profit à diminuer la ration habituelle
160 de tes chiots et à leur maintenir une alimentation plus
légère, pour éviter que la masse d'une pesante nourriture ne déforme leurs articulations [91]. En effet, à cette
époque, les articulations et les nœuds de leurs membres
se relâchent et ils prennent appui sur des pieds sans
vigueur et des jambes vacillantes ; alors, de surcroît,
leurs bouches s'arment de crocs blancs comme la neige.
165 Mais ne les tiens pas enfermés et ne va pas, dans ton
impatience, leur mettre la chaîne au cou et nuire ainsi,
par ignorance, à leur future vélocité. Souvent en effet,
si on les tient enfermés à l'écart, il prendra envie aux
chiots soit de mordiller des pièces de bois, soit de mâcher
des éclats de porte : et, dans les efforts qu'ils font, leurs
articulations tendres se tordent, leurs dents nouvelles
170 s'émoussent sur le chêne qu'elles rongent, leurs ongles
tendres se heurtent aux jambages durs. Bientôt, dès
que leur âge leur permettra, huit mois après leur naissance, de se camper sur des jambes solides, tu auras
sous les yeux de jeunes chiens aux membres indemnes
175 de toute tare. Il conviendra alors de mêler de nouveau
à leur petit-lait les dons de Cérès et de leur donner la
fortifiante nourriture qu'on tire des moissons ; qu'alors
seulement leurs cous libres s'habituent à la chaîne, qu'ils
apprennent à aller d'un même pas [92] et à rester enfermés [93*]. Puis, quand Phoebé se sera pour la vingtième fois
180 levée [94*], commence à élargir tes jeunes chiens, sans pro-
longer leurs courses, sur l'espace d'une petite vallée ou dans

---

90. Description du solstice d'été, lorsque le soleil entre dans
le signe zodiacal du Cancer. On peut rapprocher Manilius, 1,
567-570 : *Alter, ad extremi decurrens sidera Cancri, | in quo con-
summat Phoebus lucemque moramque | tardaque per longos cir-
cumfert lumina flexus, | aestiuum medio nomen sibi sumit ab
aestu.*

91. Cf. Xénophon, *Cyn.* 7, 4 : « Un estomac gorgé leur tord
les jambes... ».

92. Cf. Virg., *Georg.* 3, 167-169 : *Dehinc, ubi libera colla |
seruitio adsuerint, ipsis e torquibus aptos | iunge pares et coge
gradum conferre iuuencos.*

contigerit tardasque uias Cancrique morantis
sidus init, tunc consuetam minuisse saginam
profuerit tenuesque magis retinere cibatus   160
ne grauis articulos deprauet pondere moles.
Nam tum membrorum nexus nodosque relaxant
infirmosque pedes et crura natantia ponunt,
tunc etiam niueis armantur dentibus ora.
Sed neque conclusos teneas neque uincula collo   165
impatiens circumdederis noceasque futuris
cursibus imprudens. Catulis nam saepe remotis
aut uexare trabes, laceras aut *m*andere ualuas
mens erit : et teneros torquent conatibus artus
obtunduntue nouos arroso robore dentes   170
aut teneros duris *i*mpingunt postibus ungues ;
mox iam cum ualidis insistere cruribus aetas
passa, quater binos uoluens ab origine menses,
illaesis catulos spectaueris undique membris.
Tunc rursus miscere sero Cerealia dona   175
conueniet fortemque dari de frugibus escam ;
libera tunc primum consuescant colla ligari
concordes et ferre gradus clausique teneri.
Iam cum bis denos Phoebe reparauerit ortus,
incipe non longo catulos producere cursu   180

---

158. morantis AV : -tes B ‖ 161. deprauet V : degra- A^1B regra-
A^2 ‖ pondere A^1V : de ponde- A^2 pode- B ‖ 163. infirmosque A^2BV :
-mesque A^1 ‖ natantia A^1A^3V : nutan- A^2B ‖ 165. conclusos V :
-clausos AB ‖ 166. circumdederis AV : -cumderis B ‖ 167. remotis
codd. : -tas *Damsté* ‖ 168. uexare trabes A : uexere trabes V uexet
rabies B ‖ mandere *Heins.* : pand- *codd.*, *Verdière* ‖ ualuas V : uuluas
AB ‖ 170. nouos BV : not.os A^1 nothos A^2 ‖ 171. inpingunt *codd.* :
infringunt *Heins.* ‖ 172. iam cum *codd.* : cum iam *Log.* ‖ 174. catulos BV^{pc} : -lis AV^{ac} ‖ spectaueris $A^{ac}BV$: -beris A^{pc} -uerit
Johnson, Baehr. ‖ 175. miscere AV : miserere B ‖ 176. dari AV :
dare B ‖ escam A^1 : aescam A^2BV ‖ 179. phoebe A^1V : phoebae
A^3 phere B ‖ 180. catulos $A^{pc}BV$: -lus A^{ac}.

l'enclos d'une jachère. Lâche à la main, devant eux,
un lièvre qui n'ait pas leur vigueur et ne les vaille pas
à la course, mais traînant ses membres lents, pour qu'ils
puissent, d'ores et déjà, se saisir de proies faciles. Et
185 que cette pratique indulgente d'une course ainsi limitée
ne soit pas unique ; mais, jusqu'à ce qu'ils aient pris
l'habitude de dépasser même les lièvres vigoureux,
exerce longuement tes jeunes chiens, les contraignant
à apprendre le métier de la chasse et à aimer la gloire
obtenue par la valeur qui a rempli sa tâche [95]. Et que,
d'autre part, ils connaissent bien les exhortations d'une
190 voix familière, soit qu'elles les rappellent du courre,
soit qu'elles les encouragent au courre. Exige plus encore :
qu'entraînés à attraper leur proie vaincue, ils se contentent de la tuer sans la mettre en pièces, une fois
prise [96*]. Souviens-toi de te ménager toujours ainsi une
relève de chiots rapides [97*], et d'accorder à nouveau tes
soins aux jeunes chiens.

195 Car des maladies funestes et l'immonde gale [98*] pénè-
trent souvent dans leurs veines et font sans distinction
un carnage des chiens. A toi de dispenser une activité
inquiète [99*] et de sélectionner, chaque année, ta meute,
grâce à l'appoint de son croît. De plus, il convient de
préparer un mélange de liqueur acide de Bacchus et
200 d'huile d'olive, don de la Tritonienne [100*], et il y aura
profit à frictionner avec cet onguent les chiots et les
lices, à les exposer à un soleil modéré [101*] et à faire tomber, avec un couteau chauffé à blanc, les teignes [102*] de
leurs oreilles [103*].

Les chiens sont aussi sujets à la rage, ce péril mortel [104*].
Ou il est l'émanation de l'astre céleste qui se décompose [105*],

---

95. *Emeritae laudem uirtutis* : cf. Gratt. 282 : *illa neque emeritae seruat fastigia laudis.*

sed paruae uallis spatio saeptoue nouali.
His leporem praemitte manu, non uiribus aequis
nec cursus uirtute parem, sed tarda trahentem
membra, queant iam nunc faciles ut sumere praedas.
Nec semel indulge catulis moderamine cursus,   185
sed donec ualidos etiam praeuertere suescant,
exerceto diu, uenandi munera cogens
discere et emeritae laudem uirtutis amare.
Nec non consuetae norint hortamina uocis,
seu cursus reuocent, iubeant seu tendere cursus.   190
Quin etiam docti uictam contingere praedam
exanimare uelint tantum, non carpere sumptam.
Sic tibi ueloces catulos reparare memento
semper et in paruos iterum protendere curas.
Nam tristes morbi, scabies et sordida uenis   195
saepe uenit multamque canes discrimine nullo
dant stragem : tu sollicitos impende labores
et sortire gregem suffecta prole quotannis.
Quin acidos Bacchi latices Tritonide oliua
admiscere decet catulosque canesque maritas   200
unguere profuerit tepidoque ostendere soli
auribus et tinias candenti pellere cultro.
Est etiam canibus rabies, letale periclum.
Quod seu caelesti corrupto sidere manat,

---

181. saeptoue *AV* : septoque *B* ‖ 182. praemitte *AV* : -mite *B* ‖ manu *AV* : -num *B* ‖ 184. sumere *V* : summe- *AB* ‖ 185. moderamine *codd.* : -na *Heins.* ‖ 187. munera *Vlit.* : -re *AV*, *Log.* numere *B* ‖ 190. cursus *codd.* : rursus *Burm.* ‖ reuocent iubeant *codd.* : -ces iubeas *Heins.* ‖ 191. quin *AV* : quam *B* ‖ 192. exanimare *AV* : -minare *B* ‖ sumptam *AV* : suptam *B* ‖ 193. sic *AB*pc*V* : sit *B*ac ‖ 195. tristes *A* : -tis *V*, *Baehr.* -cis *B* ‖ 196. canes *codd.* : -ni *coni. Burm.* -num *Damsté, Verdière* ‖ 197. dant *codd.* : dat *Burm.* ‖ sollicitos *AV* : sollixi- *B* ‖ 199. acidos *AV* : occid- *B* ‖ oliua *Log.* : -uo *codd.*, *Baehr.*, *Woest.* olenti *Schenkl* leui *coni. Postgate, Housmanno duce* ‖ 201. unguere *AV* : -gere *B* ‖ 202. tinias *AB* : -neas *V* ‖ candenti *A*²*BV* : -dendi *A*¹ ‖ 204. manat *BV* : -nant *A*.

205 lorsque Phoebus lance du haut de l'éther assombri de
languissants rayons et dérobe son chef pâlissant à son
orbite [106] stupéfaite ; ou bien, plutôt, quand il secoue
le dos flamboyant du Lion [107*] à la crinière en feu, sa
brûlure inocule le mal [108*] aux chiens caressants [109*] ;
ou la terre l'exhale de son sein, ou la pestilence de l'air
210 est cause du mal, ou bien, quand il y a disette d'eau
fraîche, des germes torrides de flamme [110*] s'accumulent
dans les veines. Quelle qu'en soit la nature, il attaque
les moelles profondes de la région du cœur, jaillit à la
gueule avec l'écume de son noir venin [111*] et lui donne
un rictus féroce, force les chiens à infliger de folles mor-
215 sures [112*]. Apprends donc les potions qui guérissent et le
traitement salutaire : tu prendras alors de la castorée [113*]
fétide, que tu travailleras longuement, au moyen d'un
silex, pour la réduire en une pâte molle ; qu'y soit ajoutée
de la poudre d'ivoire broyé ou râpé, puis tu tritureras
l'ensemble longuement jusqu'à ce qu'il épaississe ;
220 additionne-le ensuite de lait en le faisant couler peu à peu,
pour pouvoir l'administrer en promptes rasades au moyen
d'un entonnoir de corne enfoncé dans la gorge [114*], et,
repoussant ainsi l'assaut des Furies sinistres, rappeler
tes chiens à leurs instincts affectueux [115*].

Mais il ne faut pas élever seulement des chiots de Sparte
ou seulement des chiots molosses. La Bretagne, séparée
225 du continent [116*], nous en envoie une espèce rapide qui
convient aux chasses en usage dans nos pays. Ne tiens en
mépris ni la souche de la race pannonienne [117*] ni la lignée
issue d'un sang ibérique [118*]. Bien plus, dans le territoire

---

106. S'agit-il de l'*orbis terrarum* ou de l'*orbis ipsius solis ?*
G. Barth et P. Burman penchaient pour la première interprétation et voulaient corriger en *orbi*, pour traduire : « Le soleil dérobe
sa tête pâlissante au monde frappé de stupeur ». W. Duff comprenait également *orbis terrarum*, mais en conservant *orbe* dont
il faisait un ablatif de lieu à la question *ubi*, et traduisait : « dressant une tête pâlissante dans un monde frappé de stupeur ».
Après le verbe *exserit*, il paraît plus normal que *orbe* soit un ablatif
de lieu à la question *unde*. De plus, comme l'a remarqué D. Martin, on trouve chez les auteurs latins (Virg., *Georg.* 1, 442 : *medioque
refugerit orbe* ; Avien. *Arat.* 1568 : *medioque recedens orbe*) des expressions qui laissent entendre que le soleil est distinct de son orbe

pansage [147], qui, détendant leur corps à souhait, entraîne
dans leurs viscères les sucs nourriciers. Que s'y consacrent
tes valets et la troupe ardente de tes jeunes compagnons [148].

De plus, que pour les filets propres à la chasse [149*], les
300 panneaux et les rets qui s'étirent sur de longues dis-
tances [150*], ils apprennent à les fabriquer toujours avec
des nœuds espacés [151*], à respecter la mesure des mailles
et l'épaisseur du lin solide [152*]. Qu'en outre soit réparti
un entrelacs de plumes de plusieurs oiseaux [153*] sur une
corde [154*] qui puisse entourer des vallons boisés étendus
305 et encercler, en l'effrayant [155*], le gibier rapide. Car de
telles enceintes, à l'égal des éclairs de la foudre, terri-
fient les ours, les sangliers énormes, les cerfs fuyards,
les renards et les loups féroces [156*], et les empêchent de
franchir la prison de lin. Ces plumes, prends donc soin
de toujours leur donner des teintures diverses [157*], de
310 mêler au blanc de neige d'autres couleurs [158*], et d'ourdir
en une longue trame des contrastes effrayants. Ces plumes
terrifiantes sont offertes à foison par le vautour [159*] ; elles
sont offertes par la Libye qui produit en abondance de
grands oiseaux [160*], offertes par les grues, les cygnes [161*]
chenus, et l'oie au plumage éclatant de blancheur, offertes
315 par les oiseaux qui errent sur les fleuves et la vase des
marais, baignant leurs pattes palmées dans les eaux
stagnantes. A ceux-ci surtout, tu emprunteras les plumes
écarlates que la nature leur prodigue : car c'est bien dans
les marais [162*] que tu trouveras les vols inépuisables
d'oiseaux aux ailes en fleur, au plumage que colorent
la douce nuance orangée de la gaude [163*] et les teintes
320 printanières éparses sur leur dos [164*].

Ces dispositions prises, à l'approche de l'hiver plu-

147. *Gaudeat ut plausu* : cf. Virg., *Georg.* 3, 186 : *et plausae
sonitum ceruicis amare*, et *Aen.* 12, 85-86 : *circumstant properi
aurigae manibusque lacessunt | pectora plausa cauis.*
148. Comme l'a remarqué R. Verdière, *Gratti Cynegeticon*,
II, p. 340, ce vers est trop imprécis pour que l'on puisse en tirer
des indications sur les rôles respectifs, dans l'équipage, des *famuli*
qui ne peuvent être que des valets, et des *comites.* Comme les
autres auteurs latins, Némésien s'est montré avare de renseignements en la matière.

cum se Threicius Boreas superextulit antro
stridentique sono uastas exterruit undas,
omnia turbato cesserunt flamina ponto :　　　　275
ipse super fluctus spumanti murmure feruens,
conspicuum pelago caput eminet, omnis euntem
Nereidum mirata suo stupet aequore turba.
Horum tarda uenit longi fiducia cursus,
his etiam emerito uigor est iuuenalis in aeuo.　　280
Nam quaecumque suis uirtus bene floruit annis,
non prius est animo quam corpore passa ruinam.
Pasce igitur sub uere nouo farragine molli
cornipedes uenamque feri ueteresque labores
effluere aspecta nigri cum labe cruoris.　　　　285
Mox laetae redeunt in pectora fortia uires
et nitidos artus distento robore formant ;
mox sanguis uenis melior calet, ire uiarum
longa uolunt latumque fuga consumere campum.
Inde ubi pubentes calamos durauerit aestas　　290
lactentesque urens herbas siccauerit omnem
messibus umorem culmusque armarit aristas,
hordea tum paleasque leues praebere memento ;
puluere quin etiam puras secernere fruges
cura sit atque toros manibus percurrere equorum　295

275. flamina *AV* : flum- *B*, *Vlit.* ‖ 276. super *codd.* : pater *Baehr.* ‖ murmure *codd.* : marmo- *Heins.* ‖ 277. conspicuum pelago *A²BV* : -cum pelato *A¹* ‖ 278. nereidum *V* : naidum *AB* ‖ 279 *om. B* ‖ 280. emerito uigor *AV* : emorito uirgo *B* ‖ iuuenalis *AB* : -nilis *V* ‖ 282. passa *Log.* : posse *codd.* ‖ 283. farragine *AV* : feura- *B* ‖ 285. effluere *AV* : efflue *B* ‖ labe *codd.* : tabe *Barth* ‖ 287. robore *AV* : -bure *B* ‖ formant *codd.* : firm- *Verdière* ‖ 288. sanguis *ABVᵖᶜ* : sangnuis *Vᵃᶜ* ‖ 290. inde ubi *AV* : indubi *B* ‖ 291. lactentesque *A¹B* : lactan- *A²V* ‖ urens *AV* : uirens *B* ‖ 292. messibus *AB* : mensi- *V* ‖ culmusque *codd.* : -mosque *Martin (e Dracontii Rom. 3, 6)* -misque *Log.* ‖ armarit *codd.* : apta- *Duff* ‖ aristas *ABᵖᶜV* : aestas *Bᵃᶜ* aristis *Martin* ‖ 295. atque *AV* : adque *B* ‖ toros manibus *V* : totos manibus *A² in ras.* toto scenibus *B* ‖ percurrere *AV* : -curre *B*.

surgissant de son antre, terrifie de sa voix stridente
275 les vastes flots, tout autre souffle lui fait place sur la
mer bouleversée : lui-même, se déchaînant au-dessus
des flots, grondant et faisant jaillir de l'écume, dresse
à tous les regards sa tête sur la mer et toute la troupe
des Néréides, pleines d'admiration, le regardent en silence
avancer sur leur plaine marine [140]. Ces chevaux acquièrent
tardivement l'assurance nécessaire à de longues étapes,
280 mais ils conservent la vigueur de la jeunesse, même au
terme de leur carrière [141]. Car toute valeur qui s'est bien
épanouie dans la période appropriée [142] ne souffre la
ruine de l'âme qu'après celle du corps.

Donc, au début du printemps nouveau, nourris de
dragée [143*] tendre tes coursiers aux sabots de corne,
entaille une de leurs veines [144*], et regarde s'écouler,
285 avec le flot du sang noir, leurs vieilles fatigues [145*].
Bientôt les forces reviennent à foison dans leur poitrail
puissant, et façonnent à leurs membres luisants une
musculature gonflée ; bientôt circule dans leurs veines
la chaleur d'un sang plus pur ; ils désirent parcourir de
longs trajets et franchir à pleine vitesse une large plaine.
290 Plus tard, lorsque l'été aura durci les jeunes pousses,
et, brûlant les tiges laiteuses, desséché tout le suc des
moissons, et que le chaume aura armé ses épis, alors
souviens-toi d'approvisionner tes chevaux en orge
et en paille légère ; prends bien soin encore de purifier
le grain de ses poussières et de masser leurs muscles
295 avec tes mains [146*], pour leur procurer le plaisir de ce

140. Némésien s'inspire ici de Virgile, *Georg.* 3, 196-201, et
Aen. 1, 126-127.
141. Oppien, *Cyn.* 1, 201, accorde la même qualité aux chevaux de Cappadoce : « plus ils vieillissent, plus ils deviennent
rapides ».
142. *Suis... annis* : cf. Virg., *Georg.* 4, 21-22 : *uere suo*.

nec pes officium standi tenet, ungula terram
crebra ferit uirtusque artus animosa fatigat.   250
Quin etiam gens ampla iacet trans ardua Calpes
culmina, cornipedum late fecunda proborum.
Namque ualent longos pratis intendere cursus,
nec minor est illis Graio quam in corpore forma,
nec non terribiles spirabile *fl*umen anhel*i*   255
prouoluunt flatus et lumina uiuida torquent
hinnitusque cient tremuli frenisque repugnant,
nec segnes mulcent aures, nec crure quiescunt.
Sit tibi praeterea sonipes, Maurusia tellus
quem mittit (modo sit gentili sanguine firmus)   260
quemque coloratus Mazax deserta per arua
pauit et assiduos docuit tolerare labores.
Nec pigeat, quod turpe caput, deformis et aluus
est ollis quodque infrenes, quod liber uterque,
quodque iubis pronos ceruix deuerberat armos.   265
Nam flecti facilis lasciuaque colla secutus
paret in obsequium lentae moderamine uirgae :
uerbera sunt praecepta fugae, sunt uerbera freni.
Quin et promissi spatiosa per aequora campi
cursibus acquirunt commoto sanguine uires   270
paulatimque auidos comites post terga relinquunt.
Haud secus, effusis Nerei per caerula uentis,

250. uirtusque *A V* : -tutisque *B* ‖ 252. cornipedum *A V* : cornu-
B ‖ fecunda *A* : foec- *V* saec- *B* ‖ 253. pratis *A V* : parthis *B* ‖ intendere *V* : incend- *AB* ‖ cursus *A V* : currus *B* ‖ 255. terribiles *A V* :
-bilis *B* ‖ spirabile *A V* : -ritalae *B* ‖ flumen *Barth* : numen *codd.*
lumen *Vlit.* flamen *Verdière* ‖ anheli *Vlit.* : -lae *codd.* ‖ 256. flatus
A V : saltus *B* ‖ 258. nec *A*pc*BV* : haec *A*ac ‖ 259. maurusia *A V* :
macrus *B* ‖ 261. coloratus *A*2*V* : -tur *A*1*B* ‖ 264. infrenes *A*pc*V* : -nies
*A*ac frenies *B* ‖ liber uterque *A V* : uterque *B* libera torque *Damsté* ‖
265. quodque *A V* : quod *B* ‖ deuerberat *A*1*B* : diu- *A*3 diuerberet *V*
deuerberet *Baehr.* ‖ 266. lasciuaque *A V* : -uiaque *B* ‖ 267. lentae *A V* : legentae *B* ‖ 269. promissi *A V* : -misi *B* permissi *Heins.* ‖
271. terga *AB*pc*V* : erga *B*ac ‖ relinquunt *A V* : -lingunt *B* ‖
272. nerei *A*2*V* : neri *A*1 nerie *B*.

peuvent se soumettre à l'obligation de rester sur place [131],
leurs sabots frappent la terre à coups redoublés [132] ;
250   une vaillance fougueuse agite leurs membres [133]. Il
est encore, au-delà des crêtes abruptes de Calpé [134*],
une vaste contrée très féconde en valeureux coursiers
aux sabots de corne. Et, de fait, ils sont capables de
fournir de longues courses à travers les prairies [135*] et
la beauté de leur corps n'est pas moindre que celle des
255   chevaux grecs ; haletants, ils font tourbillonner devant
eux des souffles terribles, vrai fleuve aérien ; ils roulent
des yeux pleins de vie [136*] ; dans leur nervosité, ils lancent
des hennissements et luttent contre leur frein [137*] ; ils
ne peuvent apaiser et immobiliser leurs oreilles, leurs
jambes ne connaissent point de repos. Tu peux posséder
encore, pourvu qu'il soit bien de race pure, le coursier
260   aux sabots bruyants en provenance de Mauritanie,
et celui que dans ses plaines désertiques le Mazace
basané [138*] a élevé et dressé à supporter des travaux sans
répit. Et ne te laisse pas détourner par la laideur de leur
tête, par leur ventre sans élégance, leur refus du frein [139*]
— car ils ont tous deux l'amour de la liberté — et cette
265   nuque dont la crinière fouaille les épaules tombantes.
En effet, se laissant bien infléchir, répondant à la sou-
plesse de leur cou, ils obéissent aux indications d'une
baguette flexible : un coup leur enjoint de s'élancer, un
autre les arrête. Mieux encore, dès qu'on les a lâchés par les
vastes espaces d'une plaine, leurs courses, agitant tout
270   leur sang, leur donnent des forces et, peu à peu, ils laissent derrière eux leurs compagnons, assoiffés pourtant
de victoires. Ainsi, alors que les vents se sont répandus
sur l'azur des plaines de Nérée, quand Borée le Thrace,

---

131. *Nec pes officium standi tenet* : cf. Virg., *Georg.* 3, 84 :
Stare loco nescit.
132. *Vngula terram crebra ferit* : cf. Virg., *Georg.* 3, 87-88 : *cauat-
que tellurem*, et 499-500 : *et pede terram crebra ferit.*
133. *Virtusque... animosa fatigat* : cf. Virg., *Georg.* 3, 84 :
et tremit artus.

Quin etiam siccae Libyes in finibus acres
gignuntur catuli, quorum non spreueris usum.   230
Quin et Tuscorum non est extrema uoluptas
saepe canum. Sit forma illis licet obsita uillo
dissimilesque habeant catulis uelocibus artus,
haud tamen iniucunda dabunt tibi munera praedae :
namque et odorato noscunt uestigia prato   235
atque etiam leporum secreta cubilia monstrant.
Horum animos moresque simul naresque sagaces
mox referam ; nunc omnis adhuc narranda supellex
uenandi cultusque mihi dicendus equorum.
Cornipedes igitur lectos det Graecia nobis   240
Cappadocumque notas referat generosa propago
armata et palmas superet grex omnis auorum.
Illis ampla satis leui sunt aequora dorso
immodicumque latus paruaeque ingentibus alui,
ardua frons auresque agiles capitisque decori   245
altus honos oculique uago splendore micantes,
plurima se ualidos ceruix resupinat in armos,
fumant umentes calida de nare uapores,

---

229. libyes *edd.* : libies *A* libiaes *B* lybies *V* ‖ 230. gignuntur
A V : girun- *B*ac cingun- *B*pc ‖ 231. extrema *codd.* : -terna *Duff* ‖
232. sit *Barth* : est *codd.* sed *Scal.* ‖ forma *A*¹*V* : froma *B*
forma est *A*² ‖ uillo *A*³*BV* : uallo *A*¹ ‖ 234. iniucunda *edd.* :
inioc- *codd.* ‖ praedae *B* : -da *A V* -dam *Heins.* ‖ 236. atque *A*²*BV* :
adque *A*¹ ‖ cubilia *A V* : conabula *B* ‖ 237. horum *A V* : honorum
B ‖ 239. equorum *A V* : aequo- *B* ‖ 240. graecia *V* : gratia *AB* ‖
242. *cruce in initio uersus posita, corruptionem indicant edd.* ‖
armata *codd.* : harmata (ἅρματα) *Wernsdorf* armenti *Gronov.*
praemiaque *Martin* sarmatiae *P. T. Eden (Classical Review,
XX, 2, 1970, p. 142)* ‖ superet *Postgate* : nuper *codd.*, *Stern* numeret
Gronov. ‖ 243. leui sunt aequora dorso *A V* : leuis sunt equoram
dorsi *B* ‖ 244. inmodicumque *A*²*BV* : -dicum *A*¹ ‖ paruaeque *A*¹*V* :
-uique *A*² prauisque *B* ‖ ingentibus alui *A V* : -genibus aluis *B* ‖
245. capitisque *A* : -tique *V* captuque *B* ‖ decori *Baehr.* : -ris *AB*
-ro *V* ‖ 246. oculique *BV* : -lisque *A* ‖ splendore *A V* : spend- *B* ‖
247. plurima se ualidos *V* : -ma seu ualidos *A*²*B* -mas eualidos
*A*¹ ‖ resupinat *A V* : reso- *B*.

de la sèche Libye [119], naissent des chiens ardents dont
230 tu ne dédaigneras pas de te servir. Il arrive souvent
encore que les chiens étrusques [120] ne soient pas les derniers à donner satisfaction. Leur poil en broussaille
a beau effacer leurs formes et leurs membres ont beau
ne pas ressembler à ceux des chiens taillés pour la vitesse,
cependant ils t'offriront des prises dont tu ne seras point
235 mécontent. Car ils retrouvent les pistes parmi les odeurs
d'une prairie, et même ils découvrent les gîtes cachés
des lièvres. Bientôt je dirai, avec leur caractère, leur
comportement et la finesse de leur nez [121*] ; pour le
moment, je dois encore exposer tout l'appareil du chasseur
et parler de l'élevage des chevaux.
240   À la Grèce donc de nous fournir une élite de coursiers
aux sabots de corne ; qu'une généreuse descendance
reproduise les caractéristiques [122*] des chevaux de Cappadoce [123*] et qu'une fois harnaché tout le troupeau rem-
porte plus de palmes que ses ancêtres [124*]. Leur dos, sans
relief, présente une assiette assez large [125*] ; leurs flancs
sont démesurés, leur ventre court [126*], malgré leur grande
245 taille ; ils ont le front haut, les oreilles sans cesse en mouvement [127*] ; la beauté de leur tête leur donne une pres-
tance altière [128*] ; leurs yeux mobiles scintillent d'un
éclat changeant ; leur nuque bien fournie [129*] s'incurve
sur leurs puissantes épaules ; de leurs naseaux brûlants s'exhale un brouillard humide [130*] ; leurs pieds ne

119. D. MARTIN avait déjà remarqué que ces chiens pouvaient
difficilement être assimilés aux Αἰγύπτιοι qu'Oppien, *Cyn.* 1,
374-375, présente comme des chiens de garde. J. AYMARD, *Les
chasses romaines*, p. 240, pense qu'il s'agit du sloughi, dont la
présence est assez fréquente sur les mosaïques romaines d'Afrique.

120. D. MARTIN voulait identifier le *uiuidus Vmber* de Virgile,
Aen. 12, 751 sq., l'*Vmber* de Grattius, 171 sq., et le *Tuscus* de
Némésien. Mais J. AYMARD, *Les chasses romaines*, p. 263, considère que les premières lignes de la description de Némésien
présentent le *Tuscus* comme un chien « de médiocre apparence,
couvert de longs poils broussailleux, différant complètement par
son allure et ses membres des rapides chiens courants ». Les
monnaies étrusques donnent le portrait d'un chien de taille
moyenne, à longs poils, qui pourrait bien être l'animal décrit
par Némésien et qui ressemble à l'actuel Spitz.

cum segnes radios tristi iaculatur ab aethra   205
Phoebus et attonito pallens caput exserit orbe,
seu magis, ignicomi candentia terga leonis
cum quatit, hoc canibus blandis inuiscerat aestus,
exhalat seu terra sinu, seu noxius aer
causa mali, seu, cum gelidus non sufficit umor,   210
torrida per uenas concrescunt semina flammae.
Quicquid id est, imas agitat sub corde medullas
inque feros rictus nigro spumante ueneno
prosilit, insanos cogens infigere morsus.
Disce igitur potus medicos curamque salubrem.   215
Tunc uirosa tibi sumes multumque domabis
castorea, attritu silicis lentescere cogens ;
ex ebore huc trito puluis sectoue feratur,
admiscensque diu facies concrescere utrumque ;
mox lactis liquidos sensim superadde fluores,   220
ut non cunctantes haustus infundere cornu
inserto possis Furiasque repellere tristes
atque iterum blandas canibus componere mentes.
Sed non Spartanos tantum, tantumue Molossos
pascendum catulos. Diuisa Britannia mittit   225
ueloces nostrique orbis uenatibus aptos.
Nec tibi Pannonicae stirpis temnatur origo,
nec quorum proles de sanguine manat Ibero.

---

205. iaculatur *AB* : -lantur *V* ‖ aethra *A¹BV* : -rae *A²* ‖ 206. exserit *A* : exe- *BV* ‖ orbe *codd.* : orbi *Barth* ‖ 207. seu *codd.* : sed *Baehr.* ‖ ignicomi *AV* : ignocomis *Bᵃᶜ* -comi *Bᵖᶜ* ‖ candentia *AV* : cadent- *B* ‖ 208. hoc *codd.* : hos *Scal.*, *Vlit.* ‖ 209. sinu *Scal.* : sinus *codd.* ‖ seu *AV* : sue *B* ‖ 211. semina *A²BV* : -ine *A¹* ‖ 212. id est imas *A²V* : id imas *A¹* et audimas *B* ‖ 215. medicos *ABᵖᶜV* : -cus *Bᵃᶜ* ‖ 216. sumes *AV* : -mas *B* ‖ domabis *AV* : dona- *B* ‖ 217. attritu *ABᵖᶜVᵃᶜ* : adtri- *Vᵖᶜ* atri- *Bᵃᶜ* ‖ silicis *AV* : scil- *B* ‖ 218. ex ebore *AV* : exebreo *B* ‖ 220. fluores *ABᵖᶜV* : flures *Bᵃᶜ* ‖ 222. possis *AV* : posis *B* ‖ 224-230 *post* 122 *habent codd., huc transt. edd.* ‖ 224. spartanos *V* : parta- *A¹* partha- *A³B* ‖ molossos *A³V* : -osos *A¹B* ‖ 227. stirpis *AV* : stripis *B*.

gaudeat ut plausu sonipes laetumque relaxet
corpus et altores rapiat per uiscera sucos :
id curent famuli comitumque animosa iuuentus.
Nec non et casses idem uenatibus aptos
atque plagas longoque meantia retia tractu   300
addiscant raris semper contexere nodis
et seruare modum maculis linoque tenaci.
Linea quin etiam, magnos circumdare saltus
quae possit uolucresque metu concludere praedas,
digerat innexas non una ex alite pinnas.   305
Namque ursos magnosque sues ceruosque fugaces
et uulpes acresque lupos ceu fulgura caeli
terrificant linique uetant transcendere saeptum.
Has igitur uario semper fucare ueneno
cura tibi niueisque alios miscere colores   310
alternosque metus subtemine *tendere* longo.
Dat tibi pinnarum terrentia milia uultur,
dat Libye, magnarum auium fecunda creatrix,
dantque grues cycnique senes et candidus anser,
dant quae fluminibus crassisque paludibus errant 315
pellitosque pedes stagnanti gurgite tingunt.
Hinc mage puniceas natiuo munere sumes :
namque illic sine fine greges florentibus alis
inuenies auium suauique rubescere luto
et sparsos passim tergo uernare colores.   320
His ita dispositis, hiemis sub tempus aquosae

---

296. plausu *V* : plauso *AB* ‖ 297. uiscera *AV* : -re *B* ‖ 298.
comitumque *AV* : commi- *B* ‖ 299. idem *A* : hisdem *B* iidem *V* ‖
300. retia *AV* : recia *B* ‖ 301. contexere *AV* : -traxere *B*ᵃᶜ -strin-
gere *B*ᵖᶜ ‖ 307. fulgura *BV* : fulgo- *A* ‖ 310. cura tibi *AB*ᵃᶜ*V* :
cura sit *B*ᵖᶜ, *Stern* curabis *Martin, Duff* ‖ 311. tendere *Vlit.* : tempore *codd.* ‖ 312. dat *AB* : dant *V* ‖ 314. grues *AV* : gruues *B* ‖
anser *AV* : anscer *B* ‖ 317. hinc mage *AV* : huic magne *B*ᵃᶜ huic
magis *B*ᵖᶜ ‖ munere *codd.* : murice *Barth, Heins.*

vieux [165], commence à envoyer dans les prairies tes
chiens rapides, commence à lancer tes coursiers aux
sabots de corne dans les vastes champs. Mettons-nous
en chasse, tant que le matin est jeune encore [166], tant
325 que les molles prairies gardent les traces qu'y ont impri-
mées les bêtes nocturnes.

165. : *Hiemis ... aquosae* : cf. *Virg.*, *Buc.* 10, 66 : *Sithoniasque
niues hiemis... aquosae.*

166. *Venemur dum mane nouum...* : cf. Virg., *Georg.* 3, 325 :
carpamus dum mane nouum..., et Sen., *Phaedr.* 39 sq. : *Nunc
demissi nare sagaci | captent auras lustraque presso | quaerant
rostro, dum lux dubia est | dum signa pedum roscida tellus | impressa
tenet...*

incipe ueloces catulos immittere pratis,
incipe cornipedes latos agitare per agros.
Venemur dum mane nouum, dum mollia prata
nocturnis calcata feris uestigia seruant.   325

322. pratis *A V* : partis *B.*

NOTES COMPLÉMENTAIRES

LISTE DES PRINCIPAUX OUVRAGES UTILISÉS.

J. AYMARD — *Les chasses romaines,* = J. A., *Essai sur les chasses romaines des origines à la fin du siècle des Antonins,* Paris, De Boccard, 1951.

P. J. CADIOT et F. BRETON — *Médecine canine,* = P.J.C. et F.B., *Médecine et chirurgie canines,* Paris, Asselin et Houzeau, 1924.

E. DELEBECQUE — *Xénophon,* = E.D., *Xénophon, L'art de la chasse,* Paris, Les Belles Lettres, 1970.

D. B. HULL — *Hounds and Hunting,* = D.B. H., *Hounds and Hunting in Ancient Greece,* The University of Chicago Press, 1964.

O. KELLER — *Antike Tierwelt,* = O.K., *Die antike Tierwelt,* 2 vol., Leipzig, W. Engelmann, 1902-1912.

R. VERDIÈRE — *Gratti Cynegeticon,* = R.V., *Gratti Cynegeticon libri I quae supersunt,* 2 vol., Wetteren, Universa, 1963.

P. VIGNERON — *Le cheval dans l'Antiquité,* = P.V., *Le cheval dans l'Antiquité gréco-romaine,* 2 vol., Nancy, Berger-Levrault, 1968.

NOTES COMPLÉMENTAIRES

P. 95.   4. Montagne de Béotie consacrée à Apollon et aux Muses, désignant ici les Muses en une métaphore que l'on rencontre souvent dans la poésie latine, chez Stace, *Theb.* 1, 3-4, par exemple : *Pierius menti calor incidit. Vnde iubetis /ire deae* ?

5. Apollon, à qui était consacrée la fontaine de Castalie.

6. Grappes du lierre, l'un des ornements conventionnels de la couronne de Bacchus, des couronnes que portaient les prêtres qui participaient aux pompes de Bacchus, et aussi, par assimilation, de celles qui étaient décernées aux poètes. Cf., par exemple, Prop. 2, 30, 39 : *tum capiti sacros patiar pendere corymbos*.

7. Les réminiscences sont ici nombreuses. Parmi les passages qui se rapprochent le plus de ce qu'écrit Némésien, on peut citer Lucr. 1, 924-928 : *Auia Pieridum peragro loca, nullius ante / trita solo ; iuuat integros accedere fontes, / atque haurire : iuuatque nouos decerpere flores / insignemque meo capiti petere inde coronam / unde prius nulli uelarunt tempora Musae ;* Virg., *Georg.* 3, 291-293 : *Sed me Parnasi deserta per ardua dulcis / raptat amor ; iuuat ire iugis, qua nulla priorum / Castaliam molli deuertitur orbita cliuo ;* Hor., *Carm.* 3, 1, 2-5 : *carmina non prius / audita, Musarum sacerdos, / uirginibus puerisque canto ;* Prop. 3, 1, 3-4 : *Primus ego ingredior puro de fonte sacerdos / Itala per Graios orgia ferre choros ;* Oppien, *Cyn.* 1, 20-21 : ἔγρεο, καὶ τρηχεῖαν ἐπιστείβωμεν ἀταρπόν/τὴν μερόπων οὔπω τις ἑῇς ἐπάτησεν ἀοιδαῖς.

8. Ce refus de traiter des thèmes mythologiques trop connus n'a rien d'original. On pourrait citer, entre autres exemples, Virg., *Georg.* 3, 3-8 ; Oppien, *Cyn.* 1, 28, 30 ; Prop. 3, 1 ; *Aetna*, 17 sq.

9. Cf. *supra*, n. 19, p. 54.

10. *Ignemque iugalem letalemque* : cf. Ov., *Met.* 3, 308-309 : *corpus mortale tumultus / non tulit aetherios, donisque iugalibus arsit.*

11. Cf. Némésien, *Buc.* 3, 23-24.

P. 96.   15. Oenomaus, roi de Pise en Elide, avait promis d'accorder sa fille Hippodamie à celui qui, dans une course de chars, vaincrait ses chevaux divins. Pélops y parvint et épousa Hippodamie. — Stace, *Silu.* 1, 2, 41-42, avait déjà employé les mêmes termes : *Hanc propter tanti Pisaea lege trementem / currere et Oenomai fremitus audire sequentis.*

16. Les cinquante filles du roi d'Argos, Danaus, épousèrent le même jour les cinquante fils de son frère Égyptus, roi d'Égypte. Mais, pour se venger de ce frère qui l'avait chassé d'Égypte, Danaus fit promettre à ses filles d'égorger leurs maris au cours de la nuit de noces. Toutes obéirent, à l'exception d'Hypermnestre (ou Hypermestre) qui épargna Lyncée.

17. Némésien suit la tradition selon laquelle Biblis avait conçu un amour coupable pour son frère jumeau Caunus.

18. Usant d'un stratagème, Myrrha ou Smyrna se fit aimer de son père Theias, roi de Syrie, ou Cinyras, roi de Chypre, sans qu'il la reconnût. Quand il découvrit la supercherie, il voulut la tuer. Myrrha s'enfuit jusqu'en Arabie et les dieux la transformèrent en un arbre, l'arbre à myrrhe. — *Animamque uirentem* : Manilius, 5, 212, offre une image semblable : *sanguis uiridis*.

19. Cadmus, qui avait tué le dragon gardant la source d'Arès, l'emplacement de la future ville de Thèbes, fut, à la fin de sa vie, transformé en serpent.

20. Io, fille d'Inachus, roi d'Argos, fut aimée de Jupiter, qui, pour la soustraire à la jalousie de Junon, la transforma en génisse blanche. Junon exigea que cette génisse lui fût offerte, et Io se trouva ainsi abandonnée à sa rivale qui la confia à la garde d'Argus aux cent yeux. — *Stellatumque oculis* : cf. Stat., *Theb.* 6, 277 : *stellatum uisibus*.

21. Dans la version adoptée par les poètes latins, Philomèle, pour se venger de son époux Térée, qui avait fait violence à sa sœur Procné, lui donna à manger les membres de leur fils Itys. Quand il s'aperçut du crime, Térée se jeta à la poursuite des deux sœurs. Mais celles-ci, grâce à l'intervention des dieux, furent changées, Philomèle en rossignol, Procné en hirondelle. Térée devint une huppe.

22. Le soleil ayant permis à son fils Phaéton de conduire son char, le jeune homme faillit, par son inexpérience, embraser le monde entier. Jupiter, pour éviter cette conflagration universelle, le foudroya et le précipita dans le fleuve Éridan (le Pô).

23. Cycnus, roi de Ligurie, ami de Phaéton, pleura sa mort si vivement qu'il fut transformé en cygne.

24. Les Héliades, sœurs de Phaéton, le pleurèrent sur les bords du Pô et furent transformées en peupliers. Leurs larmes, qui continuaient de couler malgré leur métamorphose, donnèrent naissance à l'ambre.

25. Les Tantalides — Thyeste, Atrée, Agamemnon, Ménélas — étaient les descendants de Tantale, par l'intermédiaire de son fils Pélops. Cette famille fut célèbre par ses crimes et ses forfaits. En particulier, les poètes ont souvent évoqué le festin de Thyeste, dont l'horreur fit reculer le Soleil dans sa course.

26. Le Soleil, fils du Titan Hypérion et de la Titanide Theia.

P. 97.   31. Némésien se souvient de Virgile, *Georg.* 1, 308 : *auritosque sequi lepores, tum figere dammas*, et de Sénèque, *Phaedr.* 61-62 : *nunc ueloces | figis dammas.*

32. Rat de Pharaon, *Viuerra ichneumon*, mangouste. La mangouste, que l'on trouve surtout en Afrique du Nord, fait la chasse aux serpents et à leurs œufs, comme aux œufs de crocodile. Pline, *N.H.*, 8, 88-90, et Oppien, *Cyn.* 3, 407 sq., prétendaient que les mangoustes s'attaquaient aux crocodiles.

33. *Felem minacem* : jusqu'au Iᵉʳ siècle après Jésus-Christ, en prose, et toujours en poésie, le terme *felis* désigne le chat sauvage. Les Romains en effet n'ont connu que très tard le chat domestique, alors que, depuis les temps les plus reculés, les Nubiens avaient réussi à apprivoiser le chat ganté égyptien — *Felis maniculata* — et le chat pêcheur — *Felis uiuerrina* — d'origine indienne (cf. F. Orth, *R.E.*, XI, 1, s.u. *Katze*, c. 52-57). C'est vraisemblablement l'un de ces petits carnassiers que Némésien évoque ici.

34. Pline, *N.H.* 8, 133, donne une description similaire du hérisson qui tente d'échapper au chasseur : *Vbi uero sensere uenantem, contracto ore pedibusque ac parte omni inferiore... conuoluuntur in formam pilae, ne quid comprehendi possit, praeter aculeos.*

35. Plus que de Virgile, *Georg.* 2, 41 et 44, et de Stace, *Silu.* 4, 4, 99-100, le poète se souvient ici d'Horace, *Carm.* 1, 3, 14-16 : *nec rabiem Noti / quo non arbiter Hadriae / maior, tollere seu ponere uult freta*, au point même qu'il oublie que l'Adriatique n'est pas... le plus court chemin pour aller d'Afrique à Rome.

36. Cf. Virg., *Georg.* 3, 46 : *mox tamen arde ites accingar dicere pugnas / Caesaris*, et Calp. 4, 162-163 : *et spreto, dixit, ouili, / Tityre, rura prius sed post cantabimus arua.*

P. 98. 40. En fait, c'est sous le commandement de Carus que les armées romaines s'emparèrent de Ctésiphon, l'une des capitales perses. Carus mourut fort peu de temps après, et Aurelius Victor (chap. 38) ajoute que son fils Numérien considérait la guerre comme terminée : *At Numerianus, amisso patre, simul confectum aestimans bellum, cum exercitum reductaret...* Némésien fait donc crédit au fils de la victoire du père. L'un des deux poussa-t-il jusqu'à Babylone, qui était proche ? Ce n'est pas impossible. Pourtant, si l'on en croit Strabon, 16, 738, cette ville n'était plus guère, dès l'époque d'Auguste, qu'un désert : ἡ δ'ἔρημος ἡ πολλή. Mais le nom même de Babylone conservait son prestige et, comme le fait remarquer D. Martin, dans son édition, p. 47, sonnait haut et clair dans l'éloge adressé à Numérien.

41. *Sensus... praesumit* : cf. Virg., *Aen.* 11, 18 : *et spe praesumite bellum.*

42. A l'origine, *se deuouere* était offrir sa propre vie en sacrifice aux dieux infernaux. C'est ainsi que Cicéron, en *Nat. deor.* 3, 15, par exemple, évoque les *deuotiones Deciorum*. Mais à l'époque de Némésien, le mot *deuotio* n'était plus qu'un synonyme de *fides* ou d'*oboedientia* (cf. le *Th. L. L.*, V, 1, 4, c. 879).

43. Le *uelum* est l'étoffe constituant le *uexillum* — drapeau —, pièce carrée qui devait présenter une surface de 0,50 m à 1 m²,

attachée à une antenne qu'on suspendait au bout d'une pique, généralement en travers, parfois le long de la hampe (cf. A. J. REI-NACH, *Daremberg et Saglio*, IV, s.u. *Signa Militaria*, p. 1313, et A. NEUMANN, *R.E.*, VIII, A, 2, s.u. *Vexillum*, c. 2446-2454). Quant au mot *signa*, si l'on admet que *purpureo uelo* est un ablatif de lieu, il désigne non les emblèmes en métal, *aquilae* par exemple ou *dona militaria*, fichés au sommet de la lance ou fixés sur la hampe, mais l'or avec lequel on brodait sur le *uexillum* le nom de l'empereur et celui du corps de troupes auquel ce drapeau appartenait, ou les franges d'or qui, à partir de l'époque impériale, alourdissaient le bas des drapeaux.

44. Cet emblème, fait d'étoffe teinte, représentait un dragon à la gueule ouverte sur des dents éclatantes. Porté sur une hampe, il se gonflait et se déroulait au vent. D'origine parthe ou dace, il fut introduit dans l'armée romaine au début du IIIe siècle après Jésus-Christ. A l'époque de Némésien, il était devenu l'un des *signa militaria* usuels de cette armée (cf. FIEBIGER, *R.E.*, V, 2, s.u. *Draco*, c. 1633-1634).

P. 99. 48. La *chlamys* (χλαμύς) était une sorte de cape courte, sans manches, attachée autour du cou par une *fibula* et flottant sur les épaules (cf. Pollux, *Onomasticon*, E, 18). Les chasseurs — les textes littéraires (cf., par exemple, Oppien, *Cyn.* 1, 97-101) en font foi — portaient habituellement sous cette chlamyde une *tunica* (χιτών), qui était sanglée par un baudrier de manière à ne pas descendre au-dessous du genou. C'est ainsi que beaucoup de monuments figurés représentent Diane. Quelques-uns cependant (cf., par exemple, la figure 148 de l'ouvrage de E. SIMON, *Die Götter der Griechen*, Munich, Hirmer, 1969) la représentent avec un *balteus* enserrant une chlamyde qui enveloppe le chiton. Némésien a, semble-t-il, choisi ce modèle, puisque, dans sa description, il ne mentionne que la chlamyde ceinte par le baudrier.

49. *Subtemine lusa* : cf. Virg., *Georg.* 2, 464 : *inlusasque auro uestes*, et *Aen.* 3, 483 : *fert picturatas auri subtemine uestes.*

50. *Corrugesque sinus* : J. C. WERNSDORF explique : corruges sinus sunt deorsum crispati et complicati ex adstrictione cinguli, et rapproche de la description que Claudien donne de Diane, *Rapt. Pros.* 2, 33 : *crispatur gemino uestis Gortynia cinctu / poplite fusa tenus.*

51. La chevelure d'Artémis, tantôt, flottait au vent comme chez Virgile, *Aen.* 1, 319, tantôt, peignée en tresses, était ceinte d'un diadème : cf., par exemple, P. E. ARIAS-M. HIRMER, *History of Greek Vase Painting*, Londres, Thames and Hudson, 1962, figure 85.

52. Tous les auteurs anciens représentent Diane entourée de Nymphes diverses, ainsi Callimaque, dans son *Hymne à Artémis*, 13-15.

53. L'expression *uiridique iuuenta* se trouve déjà chez Virgile, *Aen.* 5, 295.

54. Les nymphes des rivières ormaient une catégorie particulière, que Platon, *Epigrammata*, 24, et Nonnos, *Dionysiaques*,

43, 223, appellent Ὑδριάδες. — *Nymphae, unde amnibus umor* : cf. Virg., *Aen.* 8, 71 : *Nymphae... genus amnibus undest.*

55. Nymphes des montagnes. Cf. Virg., *Aen.* 1, 498-500.

56. *Domos et lustra ferarum* : cf. Virg., *Aen.* 3, 646-647 : *cum uitam in siluis inter deserta ferarum lustra domosque traho*, et Gratt. 235 : *cum sequitur iuxtaque domus quaesita ferarum.*

57. *Percussus amore* : cf. Lucr. 1, 924 : *et simul incussit suauem mi in pectus amorem*, et Virg., *Georg.* 2, 475-476 : *Musae, / quarum sacra fero ingenti percussus amore.*

58. *Bellique fragores* : cf. Stat., *Theb.* 7, 797 : *bellique fragorem.*

59. *Auido gurgite* : cf. Hor., *Carm.* 1, 28, 18 : *exitio et auidum mare nautis.* Comme le note J. AYMARD, *Les chasses romaines*, p. 170 : « Les malédictions que Némésien lance dans ces trois vers contre les procès, les luttes politiques, les guerres et la navigation, conséquences de l'avidité humaine, sont des malédictions usées qui figurent depuis des siècles dans l'arsenal d'exemples et d'arguments des diatribiques et qu'il a pu, sans difficulté, retrouver chez ses devanciers et ses modèles du Ier siècle ». — Pour une liste plus précise des modèles que Némésien aurait pu imiter : Horace, Properce, Tibulle, Ovide, etc., cf. A. OLTRAMARE, *Les origines de la diatribe romaine*, Genève, Imprimerie Populaire, 1926, essentiellement p. 208-210.

60. Le conseil que donne ici Némésien est parfaitement plausible. Xénophon, *Cyn.* 7, 1, écrivait déjà : « Il faut faire couvrir les jeunes chiennes et suspendre leurs efforts pendant l'hiver, afin qu'elles profitent du repos pour mettre au monde vers le printemps une espèce racée : c'est la meilleure saison pour la multiplication des chiens ».

61. Terme de vénerie qui signifie ramener un chien en arrière pour lui faire à nouveau lancer la bête qui l'a mis en défaut.

62. Le Laconien, l'un des chiens les plus célèbres de l'antiquité gréco-romaine, était utilisé pour chasser le lièvre et même le sanglier, bien qu'il fût essentiellement un lévrier. L'espèce comprenait plusieurs variantes (ménélaens, castoridés, amycléens, cynosouridés, alopécidés), dont la typologie est difficile à déterminer. D'après Xénophon, *Cyn.* 4, 1-2, qui ne connaissait que les castoridés et les alopécidés, J. AYMARD, *Les chasses romaines*, p. 254-257, a ainsi décrit les premiers : « Chiens de bonne hauteur, forts et bien proportionnés, à la tête légère, camuse, harmonieuse, à la gueule bien armée ». Le Laconien était souvent croisé avec le Molosse, ce qui explique peut-être que Némésien ne donne qu'un standard pour les deux races. Pour O. KELLER, *Antike Tierwelt*, I, p. 103 sq., J. AYMARD, *op. cit.*, p. 251-254, et R. VERDIÈRE, *Gratti Cynegeticon*, II, p. 281-282, le seul Molosse dont on puisse définir le standard en toute certitude est le molosse d'Épire, chien de garde, proche de l'actuel dogue ou « mastiff ». J. Aymard le présente comme un animal « lourd et massif, au poil ras, à la tête large et camuse, aux oreilles à demi dressées, au fouet long et large, s'amincissant graduellement ». Il est probable que le Molosse destiné à la chasse ressemblait au Molosse

de garde. Ces deux chiens avaient-ils la même origine ? Quoi qu'en pense D. B. HULL, *Hounds and Hunting*, p. 30, ce n'est pas évident. Aristote en effet, *H.A.* 9, 1, 608 a, assurait qu'il existait deux races bien distinctes, et que les Molosses de chasse ne différaient guère des autres chiens courants helléniques. D'autre part, Laconiens et Molosses, s'ils étaient croisés entre eux, l'étaient également avec les lourds chiens de combat d'Asie Mineure. Aussi risque-t-on toujours de commettre une erreur en préten- dant identifier, sur tel ou tel monument figuré, Molosse de garde et Molosse de chasse.

63. Grattius, 193 sq., préconise au contraire le mélange des races.

64. On trouve chez Grattius, 269, le même mouvement : *sint celsi uoltus, sint hirtae frontibus aures*, et la description de la même qualité aux vers 277-278 : *Siccis ego dura lacertis / crura uelim*. On peut également rapprocher Xénophon, *Cyn.* 4, 1 : σκέλη τὰ πρόσθια... στιφρά.

65. *Sub pectore lato* : cf. Gratt. 274-275 : *ualidis tum surgat pectus ab armis / quod magnos capiat motus magnisque supersit.*

P. 100.   70. Cf. Varron, *R.R.* 2, 9, 4 : *auriculis magnis ac flaccis*, et Arrien, *Cyn.* 5, 7 : ὦτα δὲ μεγάλα ἔστω ταῖς κυσὶν καὶ μαλθακά. — Aux pages 253-4 et 256-7 de son ouvrage, J. AYMARD donne une liste de monuments figurés sur lesquels sont vraisemblablement représentés molosses et chiens de Laconie.

71. Grattius, 263, donne le même conseil : *Iunge pares ergo.*

72. Cf. Virg., *Georg.* 3, 63-64 : *Interea, superat gregibus dum laeta iuuentas, / solue mares*, et *Aen.* 7, 162 : *et primaeuo flore iuuentus.*

73. Cf. Virg., *Georg.* 3, 67 : *subeunt morbi tristisque senectus*, et 95 : *hunc quoque, ubi aut morbo grauis aut iam segnior annis.*

74. Columelle, 7, 12, 11, est du même avis, au moins en ce qui concerne les chiens de berger : *Mares iuueniliter usque in annos decem progenerant ; post id tempus ineundis foeminis non uidentur habiles, quoniam seniorum pigra soboles exstitit. Foemi- nae concipiunt usque in annos nouem nec sunt utiles post decimum.*

75. *Sol* ne peut être ici que le synonyme d'*annus*. Pour L. QUI- CHERAT, *Thesaurus Poeticus Linguae Latinae*, Paris, Hachette, 1922, cet emploi serait unique en poésie latine. Il est incontes- table que d'ordinaire, dans les métaphores poétiques, *sol* désigne le jour, comme par exemple chez Virgile, *Buc.* 9, 51-52 : *Saepe ego longos / cantando, puerum memini me condere soles*. On peut toutefois citer deux textes qui laissent prévoir cette acception, l'un d'Ovide, *Trist.* 4, 7, 1-2 : *Bis me sol adiit gelidae post frigora brumae / bisque suum tacto Pisce peregit iter*, et l'autre de Stace, *Ach.* 1, 455 : *donec sol annuus omnes conficeret metas.*

76. Deux mois après, comme l'explique J. C. WERNSDORF : cum bis fuerit plenilunium, cum luna plenam formam bis sumpserit.

77. *Passa marem* : cf. Ov., *Met.* 15, 410 : *passa marem est.*

78. *Partus matura* : cf. Hor., *Carm. Saec.* 13 : *maturos aperire partus.*

79. Columelle, 7, 12, 11, donne le même conseil : *Primus effetae partus amouendus est, quoniam tiruncula nec recte nutrit et educatio totius habitus aufert incrementum.*

80. Cf. Gratt. 303-304 : *Tum deinde monebo, / ne matrem indocilis natorum turba fatiget, / percensere notis iamque inde excernere prauos.*

81. *Macie tenues* : cf. Virg., *Georg.* 3, 129 : *ipsa autem macie tenuant armenta.*

82. *Abdaturue domo* : cf. Virg., *Georg.* 3, 96 : *abde domo.*

P. 101.   84. Cf. l'Appendice I.

85. On retrouve la même description chez Démétrios de Constantinople, Κυνοσοφίον, Περὶ δοκιμασίας καὶ προγνώσεως (éd. de R. Hercher, Leipzig, Teubner, 1866, p. 588) : « Si tu désires avoir de beaux chiens, choisis-les ainsi : fais avec de la paille une enceinte en forme de couronne, grande comme la circonférence d'une roue de char ; place les chiots au milieu de cette enceinte et tiens la chienne à l'écart ; puis, mets le feu à la paille et, quand tu verras qu'elle brûle bien, lâche la chienne ; tu la verras pénétrer au milieu des flammes, sans crainte, poussée seulement par son amour pour ses rejetons ; et, par une sorte d'instinct et de jugement instinctifs, elle choisit les meilleurs et les emporte ». Démétrios a-t-il imité Némésien ou ont-ils tous deux utilisé une même source ? Il est impossible d'en décider (cf. p. 82).

86. Virgile, *Georg.* 3, 405-406, écrivait : *Veloces Spartae catulos acremque Molossum / pasce sero pingui*, et Servius commentait : *Sero pingui : aqua lactis, quae pingues efficit canes.* Mais le petit-lait ne rend pas les chiens gras, et l'épithète de Némésien est plus exacte que celle de Virgile.

87. *Lactis abundans* : cf. Virg., *Buc.* 2, 20 : *lactis abundans.*

88. Varron, *R.R.* 2, 9, 10, donne la même recette : *Nec non ita panem hordaceum dandum, ut non potius eum in lacte des intritum.* C'est peut-être cette pâtée que Grattius, 307, appelle *maza*.

89. *Candentem... axem* : cf. Val. Fl. 3, 481-482 : *Iam summas caeli Phoebus candentior axes / uicerat.*

P. 102.   93. C'est pratiquement ce que demande Varron, *R.R.* 1, 21 : *canes... consuefacias... interdiu clausos dormire.*

94. Cf. Ov., *Met.* 1, 11 : *nec noua crescendo reparabat cornua Phoebe.* — Xénophon, *Cyn.* 7, 6, conseille de faire chasser les chiens à l'âge de huit ou dix mois, Arrien, *Cyn.* 25, 1, et 26, 1, à l'âge de onze mois pour les femelles et de deux ans pour les mâles.

P. 103.   96. L'éditeur anglais D. Martin, croyant découvrir une analogie évidente entre ces vers 181-192 et le passage où Arrien, *Cyn.* 25, 1, décrit l'entraînement des « grey-hounds », des lévriers : « lâcher à la main un lièvre sur un terrain découvert, lancer de près la chienne sur le lièvre pour qu'elle le voie bien, et, en le voyant de près, prenne de la peine avec bon espoir de l'attraper », concluait que le poète parlait ici de jeunes lévriers. Et, comme Némésien n'évoque pas le lévrier le plus connu de l'antiquité, le *uertragus* celte, alors qu'il conseille de sélectionner une meute de Laconiens et de

Molosses, que Xénophon recommandait d'utiliser comme limiers, le critique anglais se demande si le poète ne commet pas l'erreur d'appliquer à toutes les races de chiens un dressage propre aux seuls lévriers. Mais, d'une part, les chiens qui naissent *siccae Libyes in finibus* (v. 229-230) sont probablement des lévriers d'Arabie et du Soudan, des sloughis (cf. note 119, p. 105) : est-il anormal qu'un Carthaginois cite les lévriers de son pays plutôt que ceux d'Europe ? D'autre part, le premier dressage que propose ici Némésien a pour but de donner au chien le goût du gibier, de l'habituer à obéir, de le rendre résistant. Ne peut-il s'appliquer à plusieurs races, pour ne pas dire à toutes ? Xénophon, *Cyn.* 5, 18, considère que, pour des limiers, les lièvres sont plus visibles sur une terre labourée ou dans un chaume : c'est dans un *novale*, une jachère, que Némésien conseille, quelle que soit la destination future des chiots, de lâcher le levraut qui servira d'appât.

97. Les vers 193-198 sont une imitation de Virg., *Georg.* 3, 65 sq. : *Atque aliam ex alia generando suffice prolem.* | *Optima quaeque dies miseris mortalibus aeui* | *prima fugit ; subeunt morbi tristisque senectus* | *et labor, et durae rapit inclementia mortis...* | *Semper enim refice ac, ne post amissa requiras,* | *anteueni et subolem armento sortire quotannis...*

98. Pour les vétérinaires modernes P. J. CADIOT et F. BRETON, *Médecine canine*, p. 253 sq., il y a deux types de gale du chien, la gale sarcoptique et la gale folliculaire ou démodécique. La première, produite par la pullulation, dans la peau, d'un sarcopte spécial (*Sarcoptes scabiei*, var. *canis*) se caractérise par l'apparition de taches rouges puis de vésiculo-pustules. Elle se propage avec une extrême rapidité et revêt souvent le caractère enzootique. Abandonnée à elle-même, la maladie se généralise en quelques semaines, entraîne l'amaigrissement progressif, la cachexie et quelquefois la mort. La seconde, déterminée par le *Demodex folliculorum*, acarien qui vit dans la profondeur de la peau, dans les follicules pileux et les glandes sébacées, est exclusivement due à la contagion. Mais elle ne frappe guère que les sujets jeunes, dans le cours de la première ou de la seconde année. Sa forme la plus fréquente et la plus dangereuse est la forme pustuleuse, caractérisée par une vive inflammation de la peau et par de nombreux boutons purulents. Généralisée, elle entraîne l'émaciation, et, souvent, tue par épuisement ou par infection purulente. Ces deux affections, si différentes dans leur origine, sont si ressemblantes dans leur manifestation, qu'il est bien difficile au profane de les différencier. D'autre part, le texte de Némésien est trop imprécis, tant en ce qui concerne la description que la thérapeutique, pour que nous puissions déterminer avec certitude celle des formes de la maladie qu'il décrit, s'il ne s'agit pas d'une gale inconnue des modernes. Toutes deux en effet peuvent être mortelles. Dans les deux cas, un même traitement à base d'alcool est préconisé par les vétérinaires modernes. Les Anciens, qui ne savaient pas distiller l'alcool, ne proposent qu'un traite-

ment à base de vin, de verjus ou de vinaigre (cf. la note 100). L'excision des ilôts cutanés malades, opération assez proche, semble-t-il, de celle proposée par Némésien : *tinias candenti pellere cultro*, n'est pratiquée qu'en présence de gale démodécique. Mais cette forme de gale, je l'ai déjà dit, s'attaque presque exclusivement aux sujets jeunes : or Némésien évoque des *canes maritas*, qui ont plus de deux ans (v. 121). Il est donc impossible de conclure.

99. *Sollicitos impende labores* : cf. Virg., *Georg.* 3, 74 : *praecipuum iam inde a teneris impende laborem.*

100. Soit du verjus soit du vinaigre, et de l'huile d'olive (Athéna-Tritonis passait pour avoir apporté l'olivier aux habitants de l'Attique). Varron préconisait un mélange de vin et d'huile. Cf. *R.R.* 2, 1, 23 : *perunguitur oleo et uino tepefacto*, et 11, 7 : *perungunt uino et oleo.*

101. Grattius, 421-422 : *Duc magis, ut nudis incumbunt uallibus aestus / a uento clarique faces ad solis*, et Sérénus Sammonicus, 80 : *Conuenit hinc tepido lita tradere corpora soli*, proposent des soins à peu près identiques.

102. Les commentateurs, dans leur grande majorité, ont assimilé ces *tiniae* aux *ricini*, les tiques, qu'évoquent Varron, *R.R.* 2, 9, 14, et Columelle, 7, 13, 1. Mais seules les tiques infectées (cf. P. J. CADIOT et F. BRETON, *Médecine canine*, p. 262) provoquent une maladie mortelle, la piroplasmose, qui ne se manifeste pas par des affections dermiques. Je préfère donc considérer qu'ici le mot *tiniae* est un terme générique, qui désigne soit le *Sarcoptes scabiei*, soit le *Demodex folliculorum*, agents de la gale.

103. Virgile, *Georg.* 3, 452-454 : *Non tamen ulla magis praesens fortuna laborum est / quam si quis ferro potuit rescindere summum / ulceris os*, et Calpurnius Siculus, 5, 72-76 : *Sed tibi cum uacuas posito uelamine costas / denudauit ouis, circumspice, ne sit acuta / forpice laesa cutis, tacitum ne pustula uirus / texerit occulto sub uulnere : quae nisi ferro / rumpitur*, proposaient déjà une opération chirurgicale. Ainsi, la thérapeutique préconisée par Némésien ne s'écarte guère de celles de ses prédécesseurs que sur un point : il supprime les bains.

104. *Rabies letale periclum* : cf. Gratt. 383-384 : *rabies...letale/ malum.*

105. L'expression *caelesti corrupto sidere* est obscure, car le mot *sidus* est susceptible de plusieurs interprétations. J. VAN DER VLIET, rapprochant les vers 205-208 des vers 157-159, pensait qu'il s'agissait d'une constellation, celle du Cancer ou celle du Lion. Mais les vers 205-206 évoquent manifestement une éclipse de soleil, qui n'est guère comparable au passage du soleil dans la zone de l'une ou l'autre de ces constellations. J. C. WERNSDORF croyait que l'expression *caeleste sidus* désignait le ciel lui-même ou l'air. Il est incontestable que les Anciens attribuaient souvent les maladies à la corruption du ciel ou à la pestilence de l'air : on peut citer, entre autres, Lucrèce, 6, 1120 : *aer inimicus*, et 6, 1135 : *caelum corruptum* ; Virgile, *Buc.* 7, 57 : *uitio aeris*, et

Georg. 3, 478 : *morbo caeli* ; Ovide, *Ars,* 2, 320, *Fast.* 1, 688 : *uitium caeli,* et *Met.* 7, 532 : *letiferi flatus.* D. Martin, que W. Duff a suivi dans sa traduction, voyait dans l'expression employée par Némésien une formule à valeur générale, suggérant un état corrompu du ciel. C'est, en définitive, l'interprétation de R. Stern qui est la plus satisfaisante : *caeleste sidus,* comme chez Ovide, *Met.* 1, 424, *aetherium sidus,* représente le soleil. Si, en effet, on étudie la structure des vers de Némésien, on s'aperçoit que chacune des causes provoquant la maladie est précédée de la conjonction *seu.* La première cause est donc décrite dans les vers 203-204 ; la proposition *cum... iaculatur... Phoebus* paraît avoir à la fois une valeur temporelle et explicative, de telle sorte que l'expression *caelesti corrupto sidere* désigne une éclipse de soleil.

P. 104.   107. A l'époque où le soleil entrait dans la constellation du Lion apparaissait également l'étoile Sirius, à laquelle les Anciens attribuaient plus particulièrement la responsabilité de la rage canine. Cf. Pline, *N.H.* 2, 107 : *Nam Caniculae exortu accendi solis uapores quis ignorat ? cuius sideris effectus amplissimi in terra sentiuntur... Canes quidem toto eo spatio maxime in rabiem agi non est dubium.*

108. *Hoc* est ambigu : reprend-il *periclum* ou *sidere,* est-il sujet ou complément d'*inuiscerat* ? La proposition : *exhalat seu terra sinu* ne peut avoir, comme complément sous-entendu, qu'un pronom de rappel renvoyant à *periclum* ; si on la met en parallèle avec la proposition précédente, on peut admettre que *hoc* est ce pronom de rappel, complément exprimé d'*inuiscerat.*

109. *Canibus blandis* : cf. Virg., *Georg.* 3, 496 : *Hinc canibus blandis rabies uenit.*

110. *Semina flammae* : cf. Virg., *Aen.* 6, 6, et Ov., *Met.* 15, 347.

111. *Nigro... ueneno* : cf. Virg., *Aen.* 4, 514 : *Pubentes herbae nigri cum lacte ueneni,* et Ov., *Met.* 2, 198 : *nigri madidum sudore ueneni.*

112. Ce n'est pas dans cette énumération des causes possibles de la rage qu'il faut rechercher l'originalité de Némésien. Comme l'a remarqué R. Verdière, *Gratti Cynegeticon,* II, p. 355-358, tous ses prédécesseurs ont donné les mêmes, qu'il s'agisse de la rage ou d'autres maladies. Et il semble bien que les descriptions latines des maladies contagieuses, chez les poètes, procédaient toutes de celle que Lucrèce, 6, 1090-1137, a présentée de la fameuse peste d'Athènes.

113. Le *castoreum* est sécrété par les glandes préputiales du castor. C'est une substance de couleur noire, onctueuse et molle quand elle est fraîche, dure et cassante quand elle est desséchée ; son odeur est forte et caractéristique, sa saveur est très amère. Elle a longtemps été utilisée en médecine comme antispasmodique dans les maladies nerveuses. Les vertus médicales que lui conféraient les Anciens sont décrites par Pline, *N.H.* 32, 26.

114. Virgile, *Georg.* 3, 509-510 : *Profuit inserto latices infundere cornu | Lenaeos*, et Columelle, 6, 10, 1 : *boui facta sorbitio per cornu infunditur*, proposent le même procédé.

115. Il est avéré que les Anciens ignoraient le virus filtrant qui est le véritable agent spécifique de la rage et qui ne peut être combattu par les moyens insuffisants dont ils disposaient. Ils se trompaient également en affirmant la possibilité du développement spontané de la maladie. On considère à l'heure actuelle que la rage, même en cas de contagion, est toujours la conséquence d'une inoculation accidentelle, soit d'une morsure faite par un animal enragé, soit du dépôt de salive virulente sur une plaie. En revanche, l'évolution de la maladie, telle que Némésien la décrit aux vers 209-214, correspond très exactement à la réalité. Voici ce qu'en disent P. J. CADIOT et F. BRETON, *Médecine canine*, p. 229 : « Introduit dans un tissu dermique ou sous-cutané, le virus peut pénétrer dans les voies du sang et de la lymphe, être ainsi immédiatement disséminé dans l'organisme. Bien plus souvent, il atteint les centres nerveux en progressant le long des nerfs. Parvenu dans ces centres, il diffuse par voie centrifuge vers les parenchymes et les glandes, ici encore, semble-t-il, en suivant le trajet des nerfs... Au cours du stade d'hyperexcitabilité ou d'irritabilité, la bouche devient sèche, une bave filante s'en écoule ; ... chez la grande majorité des sujets, on constate des accès de fureur, un irrésistible besoin de mordre ».

116. *Diuisa Britannia* : cf. Virg., *Buc.* 1, 66 : *et penitus toto diuisos orbe Britannos*. — J. AYMARD, *Les chasses romaines*, p. 268-270, considère que l'appellation *canes Britanni* englobe deux à trois races diverses : celle décrite par Grattius, 175-181, dont le standard se rapproche de celui du bull-dog ; les Agasses d'Oppien, *Cyn.* 1, 470 sq., qui sont probablement des terriers ; enfin le *canis uelox* de Némésien, « attesté par une petite statuette de bronze trouvée à Lydney et paraissant sans doute sur la mosaïque de Withington au British Museum », qui serait l'ancêtre du chien-loup irlandais.

117. A propos de ce chien, J. AYMARD, *Les chasses romaines*, p. 240, écrit : « Quant au Pannonien, que Némésien est seul à mentionner, on le reconnaîtra probablement dans un chien lourd, dont quelques exemplaires figurent sur des reliefs de la région ».

118. Il existait pour les Anciens deux Ibéries, l'Espagne et la Géorgie. Les chiens ibériques sont évoqués par Julius Pollux, *Onomasticon*, 5, 37, Oppien, *Cyn.* 1, 371, et Némésien. Mais ils le sont de manière si vague que l'on ne peut préciser de laquelle des deux contrées ils étaient issus. D. B. HULL, *Hounds and Hunting*, p. 23, pense que Némésien, en raison de son origine africaine, évoque des chiens espagnols ou portugais.

P. 105.   121. *Naresque sagaces* : expression fréquente en poésie : cf. Luc. 7, 829 ; Sen., *Phaedr.* 39 ; Sil. 3, 296, etc.

122. *Notas* : cf. Gratt. 497 : *Restat equos finire notis.*

123. Les chevaux grecs les plus célèbres étaient ceux d'Argos, d'Élis, de Thessalie et d'Épire (cf. O. KELLER, *Antike Tierwelt*,

I, p. 227-229). Mais, à l'inverse de Grattius, 501-504, qui donne des détails sur différents chevaux grecs, Némésien se contente d'une appellation générale : *cornipedes... lectos*. On a même l'impression qu'il englobe dans les races grecques celles de la Cappadoce, province centrale d'Asie Mineure. Si Xénophon et Grattius n'avaient pas mentionné ces chevaux de Cappadoce, Claudien, *Laus Serenae*, 190-192, nous dit qu'on en élevait en Grèce, et Oppien, *Cyn.* 1, 198 sq., Solin, 46, Végèce, *Mulom.* 3, 6, 4, font leur éloge. Aussi J. C. WERNSDORF en concluait-il qu'ils avaient été importés assez tard, peut-être au second siècle, en Europe. — En fait, pour pouvoir décrire exactement les races anciennes de chevaux et, partant, établir des filiations entre ces races et les races modernes, il faudrait, estime P. VIGNERON, *Le cheval dans l'Antiquité*, I, p. 32-34, « être renseigné avec netteté sur le profil antérieur de la tête, le volume et la longueur des lignes d'une multitude de bêtes ». Or tel n'est pas le cas : les monuments figurés répondent trop souvent aux goûts personnels des artistes ou à des conceptions esthétiques éphémères ; quant aux textes, ils ne donnent pratiquement que des caractéristiques sans valeur zoologique.

124. Les éditeurs qui ne regardent pas ce vers 242 comme un *locus desperatus* ont proposé diverses conjectures, dont R. VERDIÈRE, *Prolégomènes*, p. 95-98, a fait une étude détaillée. Si, comme lui, je pense que la correction de J. P. POSTGATE : *superet* offre un sens satisfaisant, je ne crois pas judicieux d'expliquer *armata* à l'aide d'un *notis* sous-entendu : Némésien répéterait pratiquement de la sorte ce qu'il a déjà dit au vers précédent. Je préfère ne pas donner de complément à ce participe, le considérer comme un synonyme d'*instructa* (cf. le *Th.L.L.*, II, 3, c. 619) et l'interpréter ainsi : « une fois équipé, harnaché, pour lutter dans une course ».

125. *Ampla... aequora dorso* : cf. Virg., *Georg.* 3, 80 : *obesaque terga*.

126. *Immodicumque latus* : cf. Virg., *Georg.* 3, 54 : *Tum longo nullus lateri modus.* — *Paruae... alui* : cf. Virg., *Georg.* 3, 80 : *breuis aluus.*

127. *Ardua frons* : cf. Virg., *Georg.* 3, 79 : *ardua ceruix.* — *Auresque agiles* : cf. Virg., *Georg.* 3, 84 : *micat auribus.*

128. *Altus honos* : cf. Virg., *Georg.* 3, 75-76 : *continuo pecoris generosi pullus in aruis / altius ingreditur.*

129. *Plurima... ceruix* : cf. Virg., *Georg.* 3, 51-52 : *Optima... / forma bouis... cui plurima ceruix.*

130. *Fumant umentes* : cf. Virg., *Georg.* 3, 85 : *collectumque fremens uoluit sub naribus ignem.*

P. 106. 134. *Calpe* était le nom de celle des colonnes d'Hercule qui se dressait en Espagne. L'autre s'appelait *Abila* (cf. Avienus, *Orb. Terr.* 110 sq.) et se trouvait sur la côte africaine. L'expression *trans... Calpes culmina* semble bien indiquer que l'auteur était africain. — Oppien, *Cyn.* 1, 278-288 et 285-286, et Grattius, 513-517, décrivent également les chevaux espagnols. Mais le premier leur reproche d'être petits et peu endurants, tandis que le second se contente de signaler qu'ils sont rétifs.

135. Cette endurance est également signalée par Strabon, 3, 4, 15, et par Oppien, *Cyn.* 1, 278-279.

136. *Lumina uiuida torquent* : cf. Virg., *Georg.* 3, 433 : *flammantia lumina torquens.*

137. *Frenisque repugnant* : cf. Ov., *Trist.* 4, 6, 24 : *Et domitus freno saepe repugnat equus*, et *Rem.* 514 : *Propositis frenis saepe repugnat equus.*

138. *Coloratus Mazax* : cf. Virg., *Georg.* 3, 293 : *coloratis... Indis*, et Ov., *Am.* 1, 14, 6 : *colorati... Seres.* Pour les Romains, Lucain, 4, 679-681, par exemple, les *Mauri* et les *Mazaces* formaient deux peuplades bien différentes. R. Pichon, *Les sources de Lucain*, Paris, E. Leroux, 1912, p. 35, n. 3, présente ainsi l'ordre géographique de l'ouest à l'est : Autololes, Mazaces, Maures, Massyliens et Gétules, Numides, Africains, Nasamons et Garamantes, Marmarides. Toutefois, si Némésien fait état, comme Oppien, *Cyn.* 1, 170-171, de deux races différentes de chevaux, il leur donne les mêmes caractéristiques. — Ce cheval d'Afrique a également été décrit par Oppien, *Cyn.* 1, 289-299, et Grattius, 517-522. Il est probablement l'ancêtre du cheval barbe.

139. Tous les poètes anciens qui se sont intéressés aux chevaux, — entre autres Virgile, *Aen.* 4, 41 ; Grattius, 517-518 ; Lucain, 4, 683 ; Oppien, *Cyn.* 4, 47 sq. ; Silius Italicus, 1, 215 — signalent cette particularité des chevaux africains. En réalité, comme l'a démontré P. Vigneron, *Le cheval dans l'Antiquité*, I, p. 102-107, les cavaliers africains, s'ils n'avaient pas de rênes, disposaient d'un collier-frein, sorte de nœud coulant qui, en comprimant la trachée artère, permettait d'arrêter le cheval.

P. 107.   143. Varron, *R.R.* 1, 31, 5, donne deux étymologies du terme *farrago* : *aut quod ferro caesa, ferrayo dicta aut quod primum in farracia seyete fieri coepta*, tandis que P. Festus, 81, 12, en donne la définition suivante : *appellatur id quod ex pluribus satis pabuli causa datur iumentis.* On semait un mélange de céréales et de légumineuses, que l'on coupait avant maturation. Ce fourrage, la dragée, permettait à la fois d'engraisser les chevaux (cf. Virg., *Georg.* 3, 205) et de les purger (cf. Var., *R.R.* 2, 7, 13). De nos jours, les vétérinaires utilisent aux mêmes fins un mélange qu'ils appellent « mash » mais qui est composé de grains divers — orge notamment — préalablement ramollis dans de l'eau.

144. *Venamque feri* : cf. Virg., *Georg.* 3, 460 : *ferire... salientem sanguine uenam.*

145. Végèce, *Mulom.* 1, 22, explique de même l'intérêt de la saignée : *Placuit plerisque ueris tempore uotannis de ceruice iumentis sanguinem demere et sic in herbam mittere, ne ueteri corruptoque sanguis nouus admixtus n tura coalescens debilitatem ualet ·dinisque periculum faciat.*

146. Xénophon, Περὶ Ἱππικῆς, 2, 4, avait déjà donné le même conseil : « Et il faut porter la main partout où un massage apporte au cheval une très vive satisfaction ».

P. 108.   149. Il n'y a pas de divergences sensibles entre les études que les critiques modernes — J. AYMARD, *Les chasses romaines*, p. 207 sq., R. VERDIÈRE, *Gratti Cynegeticon*, II, p. 204 sq., D. B. HULL, *Hounds and Hunting*, p. 10 sq., E. DELEBECQUE, *Xénophon*, p. 101 sq., pour ne citer qu'eux — ont consacrées aux filets de chasse dont usaient les Grecs, car elles procèdent toutes du chapitre 2 des *Cynégétiques* de Xénophon. C'est à E. DELEBECQUE, l'éditeur le plus récent de ces *Cynégétiques*, que j'emprunte les renseignements qui suivent : les Grecs connaissaient trois sortes de filets, un filet court — ἄρκυς — et deux filets longs — ἐνόδια et δίκτυα. Les ἄρκυς offraient deux variétés, l'une pour la capture du lièvre, l'autre pour celle du sanglier. L'ἄρκυς pour le lièvre avait une longueur de 1,10 m et une hauteur approximative de 0,70 m. Le filet court à sanglier était probablement deux fois plus long et plus haut. Une fois tendus, ces filets présentaient une poche ou une bourse. Les filets longs, au contraire, ne formaient pas de poche. Les ἐνόδια avaient 1,40 m de haut, et quatre longueurs différentes, 3,50 m, 5,30 m, 7 m et 8,85 m. Les δίκτυα enfin avaient une hauteur d'environ 1,10 m, et trois longueurs différentes, 17,50 m, 35 m et 53 m. Les veneurs avaient pris l'habitude, pour prendre davantage de gibier, d'étendre le champ d'action de leurs filets en joignant bout à bout ἐνόδια et δίκτυα. Pour ce faire, ils employaient des μαστοί (œillets ou lacets) pour les ἐνόδια, et des δακτύλιοι (bagues) pour les δίκτυα. — A l'époque romaine, si l'on en juge d'après les précisions que donne Pollux, *Onomasticon*, 5, 26 sq., la technique en matière de filets n'avait guère évolué. Aussi J. AYMARD et R. VERDIÈRE considèrent-ils, à juste titre à mon avis, qu'aux ἄρκυς correspondent les *casses*, aux ἐνόδια les *plagae*, et aux δίκτυα les *retia*. J'ajouterai que l'expression de Némésien : *longoque meantia retia tractu* semble bien indiquer que, comme les δίκτυα, les *retia* étaient les plus longs des filets romains.

150. *Longoque meantia retia tractu* : Grattius, 219 : *uasa tenentia longe*, Ovide, *Met.* 2, 499 : *nexilibusque plagis siluas Erymanthidas ambit*, Pline, *N.H.* 19, 11 : *plagae... tantae tenuitatis... qua saltus cingerentur*, usent de formules semblables.

151. E. DELEBECQUE, *Xénophon*, p. 104, démontre que les nœuds ne sont pas une unité de mesure, mais les sutures qui arrêtent chaque maille à chacun de ses quatre angles. — F. CAPPONI, *Il cassis ed i suoi poeti*, in *Latomus*, XVII, 1958, p. 685, n. 3, commente ainsi l'adjectif *rarus* : « L'adjectif *rarus* indique l'espace assez considérable qui, dans la trame du filet, sépare un nœud de l'autre ».

152. E. DELEBECQUE, *Xénophon*, p. 105, pense que les mailles étaient « en forme non de carré mais de rectangle, un rectangle dont le grand côté était horizontal ». Puis il propose les dimensions suivantes : pour le filet à lièvre, 14 cm sur 4, pour les *plagae* et *retia*, 14 cm sur 5, pour le filet à sanglier, 36 cm sur 15.

153. J. AYMARD, *Les chasses romaines*, p. 219, considère que le choix des plumes et la différence de leurs coloris variaient sui-

vant le degré d'expérience des chasseurs, la richesse des équipages ou encore la nature du gibier.

154. C'était, indique J. AYMARD, *Les chasses romaines*, p. 219, un engin rudimentaire, une simple corde, à laquelle des plumes ou des touffes de plumes d'oiseaux étaient attachées de place en place. Tous les textes qui ont quelque rapport avec la cynégétique signalent cette corde, ou les plumes, ou les deux à la fois. On peut citer : Virgile, *Georg.* 3, 372, et *Aen.* 12, 750 ; Grattius, 83 ; Manilius, 2, 43 ; Sénèque, *De ira*, 2, 11, 5, et *Phaedr.* 46 ; Oppien, *Cyn.* 1, 150 sq., et 4, 383 sq.

155. Seuls Grattius, 85 et 88, Manilius, 4, 182, et Némésien se servent de *metus*, alors que les autres auteurs emploient *formido*. — Pour l'expression : *metu concludere*, cf. Sénèque, Prologue de *Phèdre*, 46-47 : *Picta rubenti linea pinna / uano cludat terrore feras*.

156. Le lièvre ne figure pas dans cette énumération. La chasse du lièvre ne ressemblait pas à celle des autres gibiers, pour la simple raison que le lièvre est peu sensible à l'épouvantail (cf. J. AYMARD, *Les chasses romaines*, p. 224, n. 4).

157. Grattius, 85-86, recommande lui aussi de teindre les plumes : *ast ubi lentae / interdum libyco fucantur sandyce pennae*.

158. Si les plumes blanches et noires étaient d'usage normal pour constituer l'épouvantail, les Anciens n'ignoraient pas l'intérêt des plumes colorées, en rouge surtout, qui, mêlées aux premières, augmentaient l'épouvante des animaux. C'est ce qu'affirment Virgile, *Georg.* 3, 372, par exemple, et Grattius, 85-86.

159. Ce rapace est également mentionné par Grattius, 75, et Oppien, *Cyn.* 4, 392.

160. O. KELLER, *Antike Tierwelt*, II, p. 171, et D. MARTIN pensent que ces grands oiseaux sont des autruches.

161. Le cygne est également indiqué par Grattius, 77, et Oppien, *Cyn.* 4, 392.

162. Pour J. C. WERNSDORF, *hinc*, au vers 317, reprend les oiseaux du vers 316, et *illic*, au vers 318, ceux du vers 313. Mais c'est ne pas tenir compte de *namque*, qui semble bien indiquer que *hinc* et *illic* désignent le même endroit. D. MARTIN pense que ces deux adverbes renvoient à *Libye*. Je considère plutôt qu'ils représentent les marais de Libye, sur lesquels on a le plus de chance de trouver ces vols d'oiseaux.

163. *Suaui rubescere luto* : cf. Virg., *Georg.* 4, 43 : *suaue rubenti luto*. — Le mot *lutum* désigne la gaude — *Reseda Luteola* —, qui fournissait des nuances diverses de jaune dont usaient les peintres. Ici, du fait qu'il est en relation avec le verbe *rubescere*, *lutum* désigne la couleur orange. Cf. J. ANDRÉ, *Étude sur les termes de couleur de la langue latine*, Paris, Klincksieck, 1949, p. 151-152.

164. Les indications d'habitat et de couleur que fournit Némésien ne permettent pas d'identifier avec certitude les oiseaux qu'il décrit. F. ORTH, *R.E.*, IX, 1, s.u. *Jagd*, c. 570-1, et D. MARTIN pensent qu'il s'agit de cigognes, de hérons et de flamants.

III. LA CHASSE
AUX OISEAUX

LES FRAGMENTA DE AVCVPIO

NOTICE

Ces *Fragmenta*, dont il n'existe pas de manuscrit, nous sont parvenus grâce au *Dialogus de avibus* [1] de Gilbert de Longueil [2] qui les a attribués à Némésien [3]. Mais la manière dont il a présenté sa découverte [4] laisse de tels doutes sur la véracité de ses affirmations que la plupart des critiques ont refusé, sans chercher plus loin, d'admettre que les deux fragments étaient bien du poète

---

1. Cet ouvrage, imprimé à Cologne en 1544 par J. GYMNICUS, a pour titre exact : *Dialogus de avibus et earum nominibus graecis, latinis et germanicis per Gibertum Longolium*. Il se présente effectivement sous la forme d'un dialogue entre deux amis, Pamphilus et Longolius. Le premier fragment, *Tetrax*, se trouve en E2, le second, *Scolopax*, en F2.

2. Né en 1507 d'une famille noble, Gilbert DE LONGUEIL (Longolius) devint médecin et homme de lettres. Il enseigna aux Pays-Bas et à Cologne. A la veille de sa mort, en 1543, l'Académie de Rostock lui avait offert une chaire.

3. En effet, quand C. GESNER, *Historiae animalium Liber III : qui est de avium natura*, Zurich, Froschover, 1555, cite, p. 469, le premier fragment en l'attribuant à Némésien, il le fait d'après Longolius : les corrections qu'il apporte aux leçons données par celui-ci, *numquam* (*namque* forte) ligne 50, ou *Mazonoim* (*Mazonomi* lego) ligne 57, le montrent assez.

4. Il prétendait en effet tenir ces fragments d'un jeune homme de sa connaissance qui les avait recopiés en cachette dans la bibliothèque « porcorum Salvatoris Bononiensis ». On se demande bien pourquoi le jeune homme avait dû opérer de la sorte. De plus, la dernière formule, pour le moins ambiguë — s'agit-il bien des desservants de l'église San Salvatore de Bologne, injurieusement traités de pourceaux, comme le suggère R. VERDIÈRE, *Prolégomènes*, p. 31 ? — n'apporte aucun crédit supplémentaire à une allégation déjà bien surprenante.

africain. Seuls M. Ihm et R. Verdière [1] ont réellement
tenté de prouver leur authenticité, mais leur démonstration n'emporte pas l'adhésion.

Si en effet ces fragments, qui ont vraisemblablement
le même auteur [2], sont d'une époque tardive [3] et pourraient, de ce fait, avoir été composés par Némésien,
on se heurte, quand on compare leur métrique à celle
des *Bucoliques* et des *Cynégétiques*, à des faits trou-
blants :

1) des allongements métriques non classiques [4] :
nōtae (vers 13 du 1er fragment), alors qu'en *Cyn.* 241
nous avons *nŏtas*, et *gūlae* (v. 10 du 2e fragment).

2) des élisions d'une voyelle longue beaucoup plus
fréquentes que dans les *Bucoliques* et les *Cynégétiques* :

> 1er fragment : *uero adductos* v. 5
> *appropera et* v. 6
> *Tarpeiae est* v. 14
> 2e fragment : *impresso in* v. 9.

3) un hexamètre spondaïque [5], le vers 10 du 1er fragment, alors qu'il n'y en a pas dans les *Bucoliques* ni
dans la partie des *Cynégétiques* que nous connaissons.

Ces constatations incitent à ne pas accepter sans

---

1. M. Ihm, *Nemesians Ixeutica*, in *Rh. M.*, LII, 1897, p. 454-457 ;
R. Verdière, *Prolégomènes*, p. 28-36. En fait, ce dernier n'a
guère fait que développer la thèse de M. Ihm, sans apporter
d'éléments nouveaux.

2. Leur plan, comme l'a noté F. Capponi, *Alcune osservazioni sul secondo frammento « De aucupio »*, in *Latomus*, XVIII,
1959, p. 349, est pratiquement identique.

3. Le verbe *subsannare* (v. 8, 1er fragment) se trouve pour la
première fois dans la littérature latine chez Tertullien, *Adu.
Iud.* 11, 5. Je ne retiens pas l'archaïsme *contemplauerit* (v. 3,
1er fragment) qui n'appartient pas à une époque précise. Au reste,
sa présence serait plutôt un argument en faveur de l'authenticité :
les *Cynégétiques* offrent au moins deux archaïsmes manifestes :
ollis (v. 264) et *mage* (v. 317).

4. Je ne compte pas l'allongement de *scolōpax* (v. 3, 2e fragment) ni l'abrègement de *căcabantis* (v. 13, 1er fragment) qui
sont des termes techniques.

5. Il est vrai que le texte de G. de Longueil ne donne pas une
leçon sûre de ce vers.

réserve l'espèce de raisonnement par l'absurde que pratique M. Ihm : à l'en croire, les fragments seraient authentiques, car un faussaire eût proposé un texte n'offrant pas de prise à la suspicion.

On ne peut pas non plus tirer un argument irréfutable des réminiscences de Virgile, d'Horace ou d'Ovide, dont il dresse le tableau [1], quand n'importe quelle œuvre du Moyen-Age en présente autant.

Plus probantes, en revanche, sont certaines des ressemblances que le critique allemand établit entre les fragments d'une part, les *Cynégétiques* et les *Bucoliques* de l'autre :

1er fragment :

v. 7 *uincula colli*	*Cyn.* 165 *uincula collo*	
15 *uolucres figuras*	*Cyn.* 304 *uolucres praedas*	
16 *iniquo pondere*	*Buc.* 1, 51 *ponderis aequi.*	

2e fragment :

v. 3 *praeda est facilis*	*Cyn.* 184 *faciles ut sumere prae-*	
	[*das*	
5 *profluit umor* [2]	*Buc.* 3, 54 *defluit umor*	
6 *exiguos sectans*	*Cyn.* 102 *praedas sectaris*	
[*obsonia uermes*		
10 *uili dat praemia*	*Buc.* 1, 61 *dabas non uilia prae-*	
[*gulae*	[*mia Musae.*	

Mais elles n'éliminent pas absolument l'hypothèse que les fragments aient été composés par un autre poète.

Quand enfin M. Ihm affirme que ces vers accusent une information qui n'est pas celle d'un faussaire, on ne peut qu'être pleinement d'accord avec lui. La petite comédie, si caractéristique, de l'oiseleur déçu [3], et, plus encore peut-être, la description si réaliste de la bécasse, l'oiseau mystérieux par excellence, en train de gober des vermisseaux [4], supposent l'observation

---

1. M. Ihm, *op. cit.*, p. 456.
2. Après correction : G. DE LONGUEIL donne *proluit.*
3. 1er fragment, v. 2-9.
4. 2e fragment, v. 5-10.

personnelle, par un chasseur averti, de son gibier de pré-
dilection. Cette ferveur, cette expérience, les *Cynégétiques* en témoignent aussi. On voudrait pouvoir dire
qu'il s'agit, dans les deux cas, de la même passion et
du même artiste. Mais le doute demeure : si Némésien
a écrit ces poèmes, pourquoi, alors qu'il était très probablement né en Afrique, a-t-il renié sa patrie provinciale —
ce qu'il n'a pas fait dans les *Cynégétiques* — en ne pré-
sentant pas le *tetrax* comme un oiseau typiquement
africain ? Ce n'était pas, que je sache, altérer la vérité.
L'hypothèse d'un faussaire, je l'ai déjà laissé entendre,
me laisse sceptique. En définitive, j'aurais tendance
à considérer les deux fragments comme l'œuvre d'un
poète plus récent que Némésien, d'un ornithologue semblable, par exemple, à C. Gesner.

LES ÉDITIONS

Il faut ajouter aux éditions des *Cynégétiques* donnant
les *Fragmenta de Aucupio* [1] les deux articles de F. Capponi,
qui proposent un texte et une traduction — en italien —
de chacun de ces deux fragments.

---

1. A savoir les éditions postérieures au *Dialogus de avibus*
de G. DE LONGUEIL, sauf celle de P. VAN DE WOESTIJNE qui ne
s'est intéressé qu'aux *Cynégétiques*.

SIGLA

Editt. et uaria :

Baehr.	A. Baehrens, éd. Teubner, Leipzig, tome III, 1881.
Buecheler	In op. M. Ihmii.
Burm.	P. Burman, éd. des *Poetae Latini Minores*, Leyde, Wishoff et Goedval, 1731.
Capponi	F. Capponi, *Il tetrax ed il tarax di Nemesiano*, *Latomus*, XXI, 1962, p. 572-615.
Duff	J. W. Duff et A. M. Duff, éd. Loeb, Londres, Heinemann, 1934.
Gesner	C. Gesner, *Historiae animalium Liber III*, Zurich, Froschover, 1555.
Haupt	M. Haupt, *Ovidii Halieuticon, Gratti et Nemesiani Cynegetica*, Leipzig, Weidmann, 1838.
Ihm	M. Ihm, *Nemesians Ixeutica*, *Rh. M.*, LII, 1897, p. 454-457.
Longol.	G. de Longueil, *Dialogus de avibus et earum nominibus graecis, latinis et germanicis*, Cologne, 1544.
Riese	In op. A. Baehrensii.
Vlit.	Vlitii (J. van der Vliet) editio Leidensis, 1645.
Wernsdorf	J. C. Wernsdorf, éd. des *Poetae Latini Minores*, I, Altenburg, Richter, 1780 (rééd. Paris, Lemaire, 1824).

LA CHASSE AUX OISEAUX

1

...et le tétrax [1], qu'à Rome on a commencé de nos
jours à nommer tarax [2]. Il est de beaucoup le plus niais
des volatiles : en effet, bien que, se tenant à proximité,
il ait assisté à la mise en place du piège [3*] qu'on lui tend,
néanmoins, sans penser à lui-même, il court à sa perte.
5 Pourtant, dès que tu verras le nœud coulant bien serré,
sois prompt à emporter ta proie aux ailes crépitantes,
car il a tôt fait de débarrasser son cou du lien perfide
qui l'étouffe [4*]. Alors, de sa voix rauque, il nargue le
dessein du maître-oiseleur et, libéré, savoure les joies
de la paix.
10 Il niche près du territoire pontin [5*], au pied de l'Apen-
nin, là où le soleil se montre dans les larges champs.
Son jabot reproduit exactement la couleur de la cendre,
des marques rappelant celles de l'oiseau à voix de crécelle [6*] colorent son dos tacheté. La gardienne de la citadelle tarpéienne [7*] n'est pas plus grosse, et pas davantage
15 l'oiseau qui t'apprit, Palamède, les caractères en forme
d'ailes de l'écriture [8*].

J'ai souvent vu, ployant sous le poids trop lourd [9*]
d'un mazonome [10*], l'esclave porteur de la collation
offerte par un consul ou un préteur nouveaux pour récom-
penser les ovations du Cirque.

---

1. Outarde barbue, ou grande outarde : *otis tarda.* Pour l'identification exacte de cet oiseau, cf. F. CAPPONI, *Il tetrax*, p. 572-
603, et J. ANDRÉ, *Les noms d'oiseaux*, p. 152.
2. Nom latin plus récent, à en croire le poète, du même oiseau.
Pour l'étymologie de ce terme, cf. J. ANDRÉ, *Les noms d'oiseaux*,
p. 150, qui propose de le rapprocher de τάτυρας et de τέταρος,
noms orientaux du faisan.

DE AVCVPIO

1

... et tetracem, Romae quem nunc uocitare taracem
coeperunt. Auium est multo stultissima : namque,
cum pedicas necti sibi contemplauerit adstans,
immemor ipse sui, tamen in dispendia currit.
Tu uero, adductos laquei cum senseris orbes,   5
appropera et praedam pennis crepitantibus aufer :
nam celer oppressi fallacia uincula colli
excutit, et rauca subsannat uoce magistri
consilium, et laeta fruitur iam pace solutus.
Hic prope Pontinum ⟨ad⟩ radices Apennini   10
nidificat, patulis qua se sol obicit agris.
Persimilis cineri deorsum, maculosaque terga
inficiunt pullae cacabantis imagine notae.
Tarpeiae est custos arcis non corpore maior
nec qui te uolucres docuit, Palamede, figuras.   15
Saepe ego nutantem sub iniquo pondere uidi
mazonomi puerum, portat cum prandia Circo
quae consul praetorue nouus construxit ouanti.

2. namque *Gesner* : nunquam *Long.* ‖ 10. Pontinum *Vlit.* :
Penti- *Long.* Pelti- *Baehr.* Peltui- *Buecheler, Baehr., Duff (cruce
ante uerbum posita)* ‖ ad radices *Baehr.* : radices *Long.* et radices
Haupt et radicibus *Vlit.* ‖ 12. deorsum *Capponi* : dorsum *Long.*
collum *Gesner (in notis), Duff* ‖ 13. notae *Long.* : guttae *Vlit.* ‖
17. mazonomi *Gesner* : -noim *Long.* ‖ circo *Burm.* : cirro *Long.*

2

Lorsque tous les arbres se dépouillent de leur verte parure [11], munis-toi de crin de cheval [12] blanc comme neige et gagne sans retard les hauteurs boisées [13] : la bécasse [14] est une proie facile et agréable. Elle n'est pas plus grosse, tu le verras, que les oiseaux de Paphos [15*].
5 Elle cherche sa pâture à la base des talus, aux endroits où sourdent [16*] les filets d'eau, cherchant les vermisseaux dont elle se nourrit. Pourtant, elle ne mène pas cet affût avec ses yeux, assez myopes [17*] quoique très grands, mais avec ses narines subtiles [18*] : enfonçant dans le sol le poignard de son bec, elle en retire les ver-
10 misseaux flexibles dont elle fait présent à son gosier peu délicat [19*].

11. Cette proposition temporelle désigne le début de l'automne, époque à laquelle on peut pratiquer la chasse à la bécasse : la migration de cet oiseau commence au début du mois d'octobre pour atteindre son fort dans les deux premières semaines de novembre. A la fin de ce mois, elle est pratiquement terminée : cf. E. Demole, *La bécasse*, p. 59. — Pour l'expression *spoliatur honore*, cf. Ov., *Fast.* 4, 753 : *si mea falx ramo lucum spoliauit opaco*, Virg., *Georg.* 2, 404 : *et siluis aquilo decussit honorem*, Gratt. 376 : *pestiferis, seu terra suos populatur honores*, et Sil. 12, 244 : *it Stygius color et formae populatur honores*.
12. C'est la seule traduction plausible que l'on puisse donner de l'expression : *equi niueis... exuuiis*. Cf. le *Th. L. L.*, V, 2, s.u. *exuuiae*, c. 2129, et F. Capponi, *Secondo frammento*, p. 352-357. — Les braconniers utilisent encore de nos jours ce procédé pour capturer la bécasse dans les bois. Cf. E. Demole, *La bécasse*, p. 126 : « Le nœud coulant se charge de prélever une certaine prébende sur le lot des voyageuses qui séjournent momentanément dans nos bois. Ce procédé de destruction a toutes les faveurs du braconnier, qui utilise des crins de cheval : il les choisit de préférence de couleur blanche, parce qu'ils passent plus facilement inaperçus que ceux d'autres teintes... ».
13. C'est en haute altitude d'abord (900-1000 mètres), puis en moyenne altitude (500-700 mètres), que l'on a le plus de chances de lever des bécasses à l'époque de la passe. Cf. E. Demole, *La bécasse*, p. 59.
14. Pour l'étymologie du terme *scolopax*, que l'on ne trouve qu'ici, cf. J. André, *Les noms d'oiseaux*, p. 142. — La traduction de l'édition Duff : « bécassine », est, sans conteste, fautive : la bécassine, nettement plus petite que le pigeon, ne vit pas au bois.

2

Cum nemus omne suo uiridi spoliatur honore,
fultus equi niueis siluas pete protinus altas
exuuiis : praeda est facilis et amoena scolopax.
Corpore non Paphiis auibus maiore uidebis.
Illa sub aggeribus primis, qua pro/luit umor,   5
pascitur, exiguos sectans obsonia uermes.
At non illa oculis, quibus est obtusior, etsi
sint nimium grandes, sed acutis naribus instat :
impresso in terram rostri mucrone, sequaces
uermiculos trahit et uili dat praemia gulae.   10

3. praeda est facilis *Long.* : facilis praeda est *Riese* ‖ scolopax
Long. : scal- *Gesner* ‖ 5. profluit *Ihm* : proluit *Long.* ‖ 10. et
uili dat *Long.* : et dat uilia *Riese* atque gulae dat *Wernsdorf* ‖
gulae *Long., Riese* : uili *Wernsdorf* curae *uel* uitae *Ihm*.

NOTES COMPLÉMENTAIRES

LISTE DES PRINCIPAUX OUVRAGES UTILISÉS.

J. ANDRÉ   *Les noms d'oiseaux*, = J. A., *Les noms d'oiseaux en Latin*, Paris, Klincksieck, 1967.

F. CAPPONI   *Secondo Frammento*, = F. C., *Alcune osservazioni sul secondo Frammento « De Aucupio »*, in *Latomus*, XVIII, 1959, p. 348-365.

F. CAPPONI   *Il tetrax*, = F. C., *Il tetrax ed il tarax di Nemesiano*, in *Latomus*, XXI, 1962, p. 572-615.

E. DEMOLE   *La bécasse*, = E. D., *Subtilités de la chasse à la bécasse*, Paris, Librairie des Champs-Élysées, 1964.

NOTES COMPLÉMENTAIRES

I. L'OUTARDE

P. 134.   3. Etymologiquement comme techniquement, le terme *pedica*
désigne toute espèce de piège destiné à prendre des animaux
par une patte. Equivalent de la ποδοστράβη des Grecs, l'engin
était constitué, comme l'explique J. AYMARD, *Les chasses romaines*,
p. 338, de la façon suivante : « Au-dessus d'une fosse conique
de 37 cm de profondeur, on dispose, au ras du sol, une couronne
(στεφανή), en bois d'if chez Pollux, 5, 32, dans laquelle s'insèrent
alternativement des clous en fer et en bois, dont les extrémités
aiguës pointent obliquement vers l'intérieur et le fond de la fosse ;
autour de la couronne, un nœud coulant (βρόχος) est relié par une
corde (σειρίς) à un bloc de bois d'une largeur approximative de
8 cm, et de 70 cm de longueur ; le tout devant être soigneusement
enterré... L'animal, qui a engagé sa patte dans la fosse, ne peut
plus se dégager des pointes et entraîne tout l'appareil dans sa
fuite ». Or le vers 7 : ... *oppressi fallacia uincula colli*, interdit
de songer à un piège de ce genre. Le poète serait-il coupable
d'une négligence ? A propos des vers 5, 184-188 des *Astronomica*
de Manilius : *ducuntur et ipsi / retibus et claudunt campos formidine
mortis / mendacesque parant foueas laqueosque tenaces / curren-
tesque feras pedicarum compede nectunt / aut canibus ferroue
necant praedasque reportant*, J. AYMARD, *Les chasses romaines*,
p. 443, écrit : « On peut voir dans les *laquei*... les βρόχοι qui constituent un des éléments du piège à piétinement (ποδοστράβη). Mais
une allusion aux collets employés pour la chasse-braconnage ne
peut naturellement pas être exclue ». Il est permis, je crois, de
faire ici la même remarque à propos du mot *pedica*, d'autant plus
qu'il peut être considéré comme épithète de *laquei*, au vers 5 :
le piège tendu serait bien le βρόχος, le nœud coulant de la ποδοστράβη, qui vraisemblablement, était aussi utilisé comme collet. Il
suffisait simplement de le poser à la verticale.
    4. *Fallacia uincula colli* : cf. Ov., *Ars*, 2, 189 : *fallacia retia
collo*.
    5. Les critiques n'ont pas réussi à identifier *Pentinum*. BUE-
CHELER a proposé de corriger en *Peltuinum*, municipe situé sur la
Via Claudia Noua, à proximité de *Castelnuevo* (cf. H. PHILIPP,
R.E., XIX, 1, s.u. *Peltuinum*, c. 407). Mais si Pline, *N.H.* 3,
106, évoque des *Peltuinates*, le terme même de *Peltuinum* n'appa-

raît pas dans les œuvres littéraires. Aussi ai-je adopté la correction de J. van der Vliet : *Pontinum* se trouve au moins chez Tite-Live, 2, 34 ; de plus, sur le plan géographique, les *patuli agri* du vers suivant peuvent désigner les vastes étendues des Marais Pontins.

6. La perdrix. Le plumage de la perdrix grise ressemble effectivement à celui de l'outarde.

7. Le poète imite ici Lucrèce, 4, 683 : *Romulidarum arcis seruator candidus anser*, et Virgile, *Aen.* 8, 652 : *custos Tarpeiae Manlius arcis*.

8. On racontait que le vol des grues avait inspiré à Palamède un certain nombre de lettres grecques, en particulier l'Y. Cf. Pline, *N.H.* 7, 192 ; Martial, 9, 12, et 13, 75 ; Ausone, *Idylles*, 12, 13, 140 (*Peiper*, p. 167).

9. *Nutantem sub iniquo pondere* : cf. Virg., *Buc.* 4, 50 : *Aspice conuexo nutantem pondere mundum*, et *Georg.* 1, 164 : *et iniquo pondere rastri*.

10. A l'origine, le mazonome était un plateau en bois creusé, destiné seulement à présenter du pain d'orge. Il avait fini par désigner tout plat à servir. Le terme était passé en latin. De ce qu'en disent Varron, *R.R.* 3, 4, 3, et Horace, *Sat.* 2, 8, 86-87, on ne peut déduire la matière de l'ustensile. C'était un grand plat, peut-être orné d'argent, comme le *catinum* et la *lanx* (cf. Schroff, *R.E.*, XV, 1, s.u. *Mazonomon*, c. 6-7).

II. La bécasse

P. 135. 15. La colombe consacrée à Vénus, adorée à Paphos.

16. La correction de M. Ihm : *profluit*, paraît judicieuse, si l'on se fonde sur le rapprochement que l'on peut faire avec Virgile, *Georg.* 4, 25 : *profluit umor*. D'autre part, le verbe *proluere* ne s'emploie guère sans complément d'objet direct. Si toutefois l'on voulait conserver cette leçon, il faudrait sous-entendre *terram*, comme le propose F. Capponi, *Secondo frammento*, p. 361.

17. Quoi qu'en dise F. Capponi, il semble bien que le poète ait raison. Voici ce qu'écrit E. Demole, *La bécasse*, p. 42, à ce sujet : « on doit admettre que c'est la nuit que cet oiseau voit bien et le mieux ; et que, de jour, et aussi pendant le crépuscule, son acuité visuelle doit être assez fortement diminuée par l'excès de luminosité ».

18. Le bec de la bécasse est en effet constellé de dépressions servant de logements aux corpuscules sensoriels de Hertsch, tactiles et olfactifs. Cf. E. Demole, *La bécasse*, p. 22.

19. Le meilleur commentaire de ces vers 9-10 est donné par E. Demole, *La bécasse*, p. 21 : « Avertie par intuition raciale et par son instinct qu'un ver se trouve dans un voisinage immédiat, la bécasse plante son bec jusqu'à sept ou huit centimètres de profondeur dans le sol ; puis... elle reste immobile dans cette position un certain temps, temps employé à repérer, au moyen

du réseau nerveux sensoriel de sa mandibule supérieure, la direction de l'objet convoité. Elle retire alors son bec, puis le plonge encore deux ou trois fois, mais en l'enfonçant modérément, dans les endroits qui, pense-t-elle, doivent encadrer l'emplacement où la proie est blottie. Enfin, renseignée d'une façon précise par ces divers sondages, il ne lui reste plus qu'à se servir encore une fois de son bec en le plantant à fond, sans hésitation, puis à le retirer violemment et par saccades, porteur du ver qui se débat, à demi sectionné ; quelques mouvements rapides de la tête, de droite et de gauche, consomment la rupture. Cette manœuvre, répétée à plusieurs reprises, débite le corps annelé en tronçons, gobés au fur et à mesure de leur production ».

———

APPENDICES

APPENDICES

APPENDICE I

Les vers 138-139 des *Cynégétiques*.

Les éditeurs et les critiques ont rapproché ces deux vers de ceux de Grattius, 298-299 :

> *Illius et manibus uires sit cura futuras*
> *perpensare : leuis deducet pondere fratres,*

pour établir, de manière pratiquement unanime (cf. p. 80, note 4), que Némésien connaissait l'œuvre de son prédécesseur. Mais les avis sont partagés sur l'interprétation qu'il convient d'en donner. Au tome II, p. 326, de son édition de Grattius, R. Verdière présente ainsi l'état de la question :
... Vlitius commentait : « A gravibus corporibus agnosces leves (sc. cursu) : gravissimi enim catuli velocissimi evadunt, quia scilicet ex pondere futura illorum magnitudo, ex magnitudine velocitas praesumitur. » Wernsdorf présentait une autre interprétation : « Poteris e corporibus gravibus vel iis quae praeponderant, praenoscere qui leves cursu futuri sint, nempe leviores pondere ». Cette opinion, partagée par Stern et Fiegl, fut jugée tarabiscotée par M. Enk. Il est de fait que Nemesianus affirme que les chiens les plus lourds sont ceux qui, par la suite, seront les plus légers au lancer. Absurdité, car des chiots lourds laissent espérer des membres solides, mais pas nécessairement rapides : cf. Oppian., *Cyn.* 1, 423-424 :

> κραιπνοὶ δ'οὐ τελέθουσιν, ἀτὰρ μένος ἔνδοθι πολλόν,
> καὶ σθένος ἄφραστον, καθαρόν, καὶ θυμὸς ἀναιδής.

M. Enk a bien vu que Nemesianus, tout en pastichant Grattius, ne l'a pas compris. Lisant *leues* et non *leuis*, il a voulu compléter, comme si Grattius avait songé non point à la force corporelle, mais à la vitesse. M. Enk va même jusqu'à supposer que Némésien aurait fait un jeu de mots : *leues grauibus*. F. Muller (*op. cit.*, pp. 329-333) fut le dernier à reprendre la question. Se fondant sur Xen., *Cyn.* 4, 1 :

πρῶτον μὲν οὖν χρὴ μεγάλας, εἶτα τὰς κεφαλὰς ἐλαφράς et 4,2 : καὶ ἐὰν ὦσι τοιαῦται αἱ κύνες, ἔσονται ἰσχυραὶ τὰ εἴδη, ἐλαφραί, σύμμετροι, ποδώκεις il estime que Nemesianus aurait pu écrire :

> ... *perpendere uires*
> *corporis atque leues praenoscere cursu* (ou *cursus*).

Il constate que au *perpensare* de Grattius correspond le *pondere perpendere* de Nemesianus qui est une figure étymologique, et qu'au *futuras uires* de Grattius correspond le *uires praenoscere* de Nemesianus. Ce dernier aurait interprété *leuis* comme *leuis*, avec le sens de *celer*, *pernix* et aurait compris que Grattius voulait dire : « nam leuis celerque futurus pondere et uiribus postea fratres superabit ».

Si, comme les critiques cités par R. Verdière, et pour la même raison, je n'accepte pas l'explication de J. C. Wernsdorf, je me refuse toutefois à admettre que Némésien n'a pas compris les vers de Grattius, parce qu'il ignorait tout de la chasse, comme l'affirme P. J. Enk, *De Grattio*, p. 64 : « a tali poeta versus venustos, non doctrinam, non rectum callidumque judicium exspectaveris », ou les a mal compris, comme le juge, avec plus de nuance, F. Muller, *Ad Nemesianum*, p. 330, et qu'en conséquence il a écrit, selon R. Verdière qui reprend la formule exacte de P. J. Enk, une absurdité.

Pourquoi d'abord dénier toute connaissance de la chasse au poète ? Pour autant que je le sache, il est le premier dans la littérature cynégétique de l'Antiquité, à avoir évoqué l'épreuve du feu, v. 140 sq. ; et même si on admettait qu'il l'a puisée dans une œuvre qui ne nous est pas parvenue, la description qu'il en donne dénonce au moins l'intérêt qu'il a accordé à un mode de sélection, peu scientifique peut-être, mais que j'ai encore vu pratiquer, il y a quelque vingt ans, en Auvergne. Il plagie ses devanciers, et en particulier Grattius ? Alors que celui-ci préconise les croisements de races, v. 193 sq., Némésien, lui, recommande de n'utiliser que des races pures...

Qu'en est-il ensuite de l'absurdité qui lui a été reprochée ? Dans une portée de race pure, — ce qui n'est plus le cas pour une portée issue d'origines différentes — les chiots les plus lourds ont toutes les chances d'avoir, par la suite, plus d'allonge que les autres, donc d'être plus rapides.

Enfin, Némésien n'est pas, dans la littérature cynégétique, le seul à avoir donné un tel conseil : au XIIIᵉ siècle, Démétrios de Constantinople (cf. p. 82) écrivait également dans son Κυνοσοφίον, Περὶ δοκιμασίας καὶ προγνώσεως (éd. de R. Hercher, Leipzig, Teubner, 1866, p. 588) : « Il y a un autre moyen de choisir le meilleur des chiots : pèse-les avec une balance et prends le plus lourd ».

APPENDICE II

Schémas des trois sortes de filets de chasse utilisés par les Grecs et les Romains. (D'après E. Delebecque, *Xénophon, L'art de la chasse*, Les Belles Lettres, Paris, 1970).

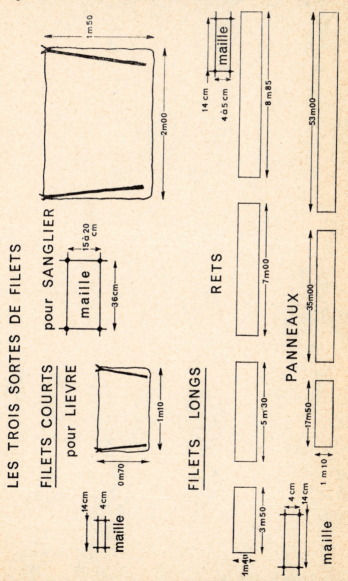

INDEX

INDEX NOMINVM

Adonis : *Buc.* 2, 73.
Alcon : *Buc.* 2, 1, 19, 53, 70.
Amyntas : *Buc.* 3, 1 ; 4, 62.
Aonius : -ius oestrus, *Cyn.* 3.
Apenninus : *Auc.* 1, 10.
Apollo : *Buc.* 1, 5, 65, 82.
Arabs : *Cyn.* 28.
Arar : *Cyn.* 67.
Arctos : *Cyn.* 69.

Babylon : *Cyn.* 72.
Bacchus : *Buc.* 2, 42, 51 ; 3, 16 ; *Cyn.* 18, 199.
Biblis : *Cyn.* 26.
Boreas : *Cyn.* 273.
Britannia : *Cyn.* 225.

Cadmus : *Cyn.* 30.
Calliope : *Cyn.* 13.
Calpe : *Cyn.* 251.
Cancer : *Cyn.* 158.
Cappadox : -oces equi : *Cyn.* 241.
Carus (princeps) : *Cyn.* 64.
Carinus (princeps) : *Cyn.* 70.
Castalius (Apollo) : *Cyn.* 5.
Cerealis : -ia dona : *Cyn.* 175.
Ceres : *Cyn.* 154.
Circe : *Cyn.* 44.
Circus : *Auc.* 1, 17.
Colchis (Medea) : *Cyn.* 42.
Cycnus : *Cyn.* 37.

Danaus : *Cyn.* 23.
Deo : *Buc.* 2, 51.
Dione : *Buc.* 2, 56.
Dirce : *Cyn.* 22.
Donace : *Buc.* 2, 1, 3, 10, 23, 26, 37, 59, 69, 85, 88.

Dryades (nymphae) : *Buc.* 2, 20 ; *Cyn.* 95.

Echo : *Cyn.* 96.
Eryx : *Buc.* 2, 57.
Eurus : *Buc.* 4, 14.

Fama : *Buc.* 1, 84.
Faunus : *Buc.* 1, 14, 66 ; 2, 73 ; 3, 25.
Flora : *Buc.* 1, 69.
Furiae : *Cyn.* 222.

Glauce : *Cyn.* 43.
Graecia : *Cyn.* 240.
Graius : -ii equi, *Cyn.* 254.

Hadriacus : -ae procellae, *Cyn.* 62.
Helicon : *Cyn.* 4.
Herculeus : -ei labores, *Cyn.* 32.
Hesperus : *Buc.* 2, 90.

Iacchus : *Buc.* 3, 62.
Ianus : *Cyn.* 104.
Iberus : -ri canes, *Cyn.* 228.
Idas : *Buc.* 2, 1, 19, 52, 53, 60, 78.
Io : *Cyn.* 31.
Iollas : *Buc.* 4, 4, 20, 72.
Iupiter : *Buc.* 3, 21, 22 (bis), 63.

Lacedaemonius : -ii canes, *Cyn.* 107.
Latona : *Cyn.* 87.
Lenaeus : *Buc.* 3, 15.
Leo (sidus) : *Cyn.* 207.

Libya : *Buc.* 4, 51.
Libye : *Cyn.* 229, 313.
Linus : *Buc.* 1, 25.
Lucifer : *Buc.* 2, 30.
Lyaeus : *Buc.* 3, 38.
Lycidas : *Buc.* 4, 1, 4.

Maenalius : -ia antra, *Buc.* 3, 14 ; -ia uallis, *Buc.* 3, 66.
Marmaricus : -ci leones, *Buc.* 4, 54.
Maurusius : -ia tellus, *Cyn.* 259.
Mazax : *Cyn.* 261.
Meliboeus : *Buc.* 1, 17, 21, 37, 42, 49, 64, 72, 80.
Meroe : *Buc.* 4, 4, 7, 14, 38, 50, 66.
Micon : *Buc.* 3, 1.
Molossus : -ssi canes, *Cyn.* 107, 224.
Mopsus : *Buc.* 1, 16 ; 4, 1, 4.
Musae : *Buc.* 1, 61, 70, 71 ; *Cyn.* 76.
Mycale : *Buc.* 4, 69.
Mycenae : *Cyn.* 40.
Myrrha: *Cyn.* 26.

Naiades (nymphae) : *Cyn.* 94.
Naides (nymphae) : *Buc.* 2, 61.
Napaeae (nymphae) : *Buc.* 2, 20.
Nereus : *Cyn.* 272.
Nerinus : -nae aquae, *Buc.* 4, 52.
Nereides : *Cyn.* 278.
Nilus : *Cyn.* 68.
Niobe : *Cyn.* 15.
Nisus : *Cyn.* 44.
Notus : *Cyn.* 61.
Nyctilus : *Buc.* 3, 1.
Nymphae : *Buc.* 1, 69 ; 3, 25, 57.
Nymphae (aquarum) : *Cyn.* 95.
Nysa : *Buc.* 3, 26.

Oeagrius : -ius Orpheus, *Buc.* 1, 25.
Oreades : *Cyn.* 96.
Orpheus : *Buc.* 1, 25.

Padus : *Cyn.* 37.
Palamedes : *Auc.* 1, 15.
Pales : *Buc.* 1, 68 ; 2, 52, 55.
Pallas : *Buc.* 2, 50.
Pan : *Buc.* 1, 5, 25 ; 2, 73 ; 3, 3, 11, 17, 66.
Pannonicus : -ci canes, *Cyn.* 227.
Paphius : -iae aues, *Auc.* 2, 4.
Parthi : *Cyn.* 75.
Persis : *Cyn.* 72.
Phaethon : *Cyn.* 35.
Philomela : *Cyn.* 34.
Phoebe : *Cyn.* 87, 123, 179.
Phoebus : *Buc.* 1, 24 ; 2, 54 (bis), 75 ; *Cyn.* 157, 206.
Pisaeus : -aea lex, *Cyn.* 23.
Pontinum : *Auc.* 1, 10.
Priapus : *Buc.* 2, 51.

Rhenus : *Cyn.* 67.
Roma : *Cyn.* 81 ; *Auc.* 1, 1.
Romuleus : -ea cacumina, *Cyn.* 73.

Sardi : *Buc.* 4, 53.
Satyri : *Buc.* 3, 25, 38, 39, 46, 57.
Semele : *Buc.* 3, 22 ; *Cyn.* 16.
Silenus : *Buc.* 3, 27, 59.
Siluanus : *Buc.* 2, 56.
Sithonius : -iae niues, *Buc.* 4, 51.
Sol : *Buc.* 1, 86.
Spartanus : -ni canes, *Cyn.* 224.

Tantalides : *Cyn.* 39.
Tarpeius : -ia arx, *Auc.* 1, 14.
Tereus : *Cyn.* 33.
Threicius : -ius Boreas, *Cyn.* 273.
Thymoetas : *Buc.* 1, 9.

Tigris : *Cyn.* 67.
Titan : *Cyn.* 40.
Tityrus : *Buc.* 1, 1 ; 2, 84.
Tritonis : -ide oliua, *Cyn.* 199.
Tuscus : -ci canes, *Cyn.* 231.

Venus : *Buc.* 1, 13 ; 2, 3,
  6 ; 3, 56 ; 4, 27.
Vrbs (Roma) : *Buc.* 1, 83 ;
  2, 84, 85.

TABLE DES MATIÈRES

INTRODUCTION 7

   L'homme 7
   L'œuvre 11

LES BUCOLIQUES 15

   Notice 17
   Sigla 39
   Texte et traduction...................... 41
   Notes complémentaires 64

LES CYNÉGÉTIQUES 71

   Notice................................... 73
   Sigla 93
   Texte et traduction...................... 95
   Notes complémentaires 110

LA CHASSE AUX OISEAUX 127

   Notice................................... 129
   Sigla 133
   Texte et traduction...................... 134
   Notes complémentaires 137

APPENDICES : les vers 138-139 des Cynégétiques   145

   Croquis des différents filets de chasse 147

INDEX NOMINVM 151

ACHEVÉ D'IMPRIMER
EN JANVIER 1976
SUR LES PRESSES
DE
L'IMPRIMERIE F. PAILLART
A ABBEVILLE

————

VELIN TEINTÉ
DE
PAPETERIES DE GUYENNE

DÉPÔT LÉGAL : 1er TRIMESTRE 1976.
N. IMPR. 3500, ÉDIT. N. 1913.